MIX & FERTIG

MIT BLITZGERICHTEN & LUNCH TO GO

LOW CARB

Die besten GU-Rezepte für den

THERMOMIX

MARTINA KITTLER, CORA WETZSTEIN, DAGMAR REICHEL

MIX & FERTIG

MIT BLITZGERICHTEN & LUNCH TO GO

LOW CARB

Die besten GU-Rezepte für den

THERMOMIX

FOTOS: KLAUS EINWANGER
ILLUSTRATIONEN: JULIA HOLLWECK

QUALITÄTS G|U GARANTIE

DIE GU-QUALITÄTS-GARANTIE

Wir möchten Ihnen mit den Informationen und Anregungen in diesem Buch das Leben erleichtern und Sie inspirieren, Neues auszuprobieren. Bei jedem unserer Bücher achten wir auf Aktualität und stellen höchste Ansprüche an Inhalt, Optik und Ausstattung. Alle Rezepte und Informationen werden von unseren Autoren gewissenhaft erstellt und von unseren Redakteuren sorgfältig ausgewählt und mehrfach geprüft. Deshalb bieten wir Ihnen eine 100 %ige Qualitätsgarantie.

Darauf können Sie sich verlassen:
Wir legen Wert darauf, dass unsere Kochbücher zuverlässig und inspirierend zugleich sind.
Wir garantieren:
- dreifach getestete Rezepte
- sicheres Gelingen durch Schritt-für-Schritt-Anleitungen und viele nützliche Tipps
- eine authentische Rezept-Fotografie

Wir möchten für Sie immer besser werden:
Sollten wir mit diesem Buch Ihre Erwartungen nicht erfüllen, lassen Sie es uns bitte wissen! Wir tauschen Ihr Buch jederzeit gegen ein gleichwertiges zum gleichen oder ähnlichen Thema um. Nehmen Sie einfach Kontakt zu unserem Leserservice auf. Die Kontaktdaten unseres Leserservice finden Sie am Ende dieses Buches.

GRÄFE UND UNZER VERLAG
Der erste Ratgeberverlag – seit 1722.

KV

Feines Frühstück, SNACKS & kernige Brotzeit

Muntermacher am Morgen oder schnelle Snack-Idee gesucht? Hier werden Sie fündig! Ob Low-Carb-Brot oder kernige Brötchen, Granola oder raffinierte Bowls – unbeschwerter Genuss ist garantiert!

SNACK-SPECIALS

Homemade: LUNCH to go

Bye, bye Kantinenessen! Jetzt wird in der Mittagspause gesund geschlemmt – natürlich Low Carb! Mit fix gezauberten Salaten, tollen Suppen, knusprigen Maisfritters und leckeren Mini-Buletten – alles auch prima zum Mitnehmen geeignet!

LUNCH-SPECIALS

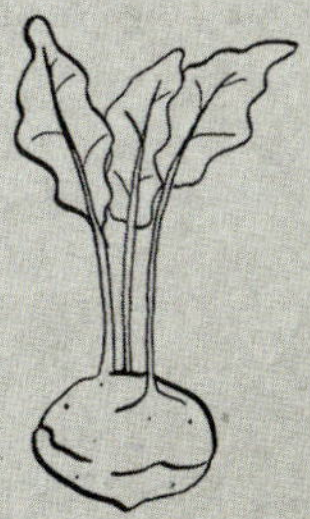

Beim TM 31 drückt man statt der 120° einfach die Varoma-Taste, um Zwiebeln & Co. anzuschwitzen.

Martina Kittler

Dagmar Reichel

Cora Wetzstein

LEICHT. LECKER. LOW CARB!

Auch wenn viele auf Hefeteig und Milchreis aus dem Thermomix schwören, braucht dieser sich auch in Sachen Low Carb nicht verstecken.

Sobald der Thermomix einen Arbeitsschritt beendet hat, ertönt ein Signalton: Wenn das Gemüse gehackt ist, die Zwiebel angedünstet, der Teig geknetet, aber auch immer dann, wenn er eines der von uns kreierten Low-Carb-Rezepte fertiggestellt hat. Für den ein oder anderen mag das vielleicht ungewöhnlich sein, eine Mahlzeit »einzuläuten«. Doch je mehr Sie sich auf den mixenden, rührenden, kochenden und dämpfenden Kessel einlassen, desto mehr werden Sie sich in der Tat auf diesen Jingle freuen. Ehrenwort! Denn Fleisch und Gemüse aus dem schonenden Dampf schmecken einfach köstlich, Rohkostsalate und Smoothies sind im Handumdrehen fertig und sogar die Low-Carb-Sweeties lassen die Geschmacksknospen jubeln. Die klassischen Kohlenhydrat-Beilagen und -Beigaben werden Sie wirklich nicht vermissen, so bunt, sättigend und lecker wird die Vielfalt auf Ihren Tellern sein.

LOW CARB MIT LINKS

Wir können sogar den Beweis dafür erbringen, dass der Thermomix in der Tat ein Küchenhelfer ist, der einhändig bedient werden kann, um köstliche Speisen auf den Tisch zu zaubern. Manchmal hat man eben auch Glück im Unglück: Kurz nach Beginn der Arbeit an unserem Thermomix-Buch brach sich Martina den rechten Arm, ihren »guten«: OP, Gipsarm, Belastung der Hand verboten! Gemeistert hat sie das Projekt trotzdem – per Knopfdruck mit der linken Hand und dank der tatkräftigen Unterstützung durch Schnippelhelfer Thermomix. So waren zum Abgabetermin alle Low-Carb-Köstlichkeiten von Chia-Mohn-Brötchen und spicy Chicken-Salat über Garnelen-Curry mit Blumenkohlreis und Rinderbraten im Ingwersud bis hin zu Joghurt-Waffeln und Strawberry-Cheesecake mix & fertig!

Wir wünschen viel Spaß beim Nachkochen und guten Appetit!

DIE LOW-CARB-ERNÄHRUNG

Hier lesen Sie, warum Sie satt und gesund durchs Leben gehen, wenn Sie Kohlenhydrate auf dem Teller reduzieren. Und weil low nicht no heißt, auch sehr glücklich!

WARUM LOW CARB?

Der eine möchte ein paar Pfunde abnehmen, der andere einfach mehr Abwechslung und Ausgewogenheit in seinen Speiseplan bringen. Low Carb ist dafür der ultimative Geheimtipp, um schlank, agil und gesund durchs Leben zu gehen.

DAS LOW-CARB-GEHEIMNIS

Carbs steht für Kohlenhydrate. Sie versorgen Sie neben Eiweiß und Fett mit Energie in Form von Kilokalorien. Low Carb bedeutet, dass Sie den Kohlenhydrathahn etwas zudrehen: Sie nehmen nur noch 30 Prozent der Nahrungsenergie aus Kohlenhydraten auf. Bei 2000 Kilokalorien pro Tag sind das 600 Kilokalorien bzw. 150 g Kohlenhydrate.

Im Gegenzug erhöhen Sie die anderen beiden Energielieferanten Eiweiß und gesunde Fette auf dem Teller. Und welchen Nutzen ziehen Sie daraus – Kalorie ist doch Kalorie, oder nicht? Nicht ganz! **Eiweiß und Fett sind ebenfalls richtige Sattmacher.** Sie brauchen also keine Angst zu haben, ständig hungrig zu sein, wenn Sie weniger von den »üblichen« Sättigungsbeilagen, wie Nudeln, Kartoffeln und Reis essen. Im Gegenteil: Bei eiweiß- und fettreichen Lebensmitteln lässt der nächste Hunger länger auf sich warten als bei kohlenhydratreichen Mahlzeiten. Sie werden langsam verdaut und beeinflussen den Blutzuckerspiegel kaum bzw. gar nicht. Und der ist ein wichtiges Barometer für Hunger und Sättigung. Ihr Körper braucht Kohlenhydrate in Form von Zucker (Glucose), vor allem Ihr Gehirn. Ohne Zucker kann es nicht richtig arbeiten, Sie werden unkonzentriert und müde. Darum sollen Sie auch nicht komplett auf Kohlenhydrate verzichten. Achten Sie bei den Kohlenhydraten, die Sie essen, aber besonders auf die Qualität: Möglichst langkettige Carbs und viele Ballaststoffe sollten Sie sich gönnen. Low Carb steht für viel Gemüse und eine **rundherum gesunde und vitalstoffreiche Ernährung**. Und bietet noch ein Plus: Ihr Körper muss mehr Energie aufwenden, um Eiweiß dem Stoffwechsel zuzuführen. Auch so werden Fettröllchen verhindert, gleichzeitig brauchen Sie aber keinen Mangel zu befürchten.

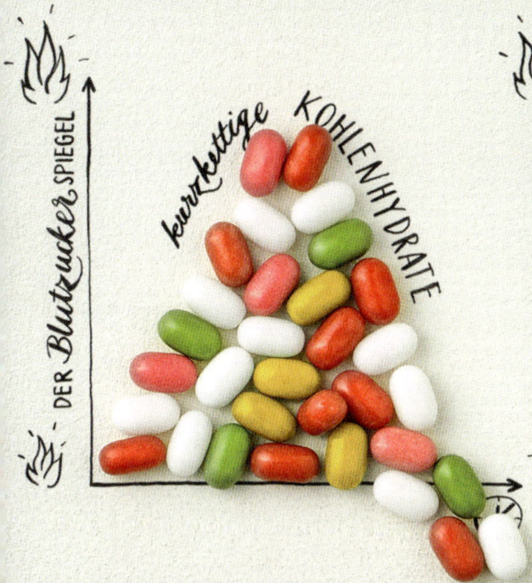

DIE KOHLENHYDRATE UND DER BLUTZUCKERSPIEGEL

Kohlenhydrate sind Zuckermoleküle, die kurz oder lang sein können. Kurze Zuckermoleküle aus gezuckerten Getränken, Süßigkeiten und Weißmehlprodukten sind so klein, dass sie – kaum im Darm angelangt – durch die Darmwand ins Blut wandern und dort den Blutzuckerspiegel rasch ansteigen lassen. Die Bauchspeicheldrüse produziert Insulin, das den Zucker aus dem Blut in die Zellen transportiert. Darum fällt der Blutzuckerspiegel dann genauso schnell wieder ab. Und Sie bekommen Heißhunger – vor allem auf Süßes. Ein Teufelskreis also.

Die langen Zuckerketten aus Vollkornprodukten, Hülsenfrüchten und Gemüse dagegen müssen die Verdauungsenzyme erst nach und nach in kleinere Stücke aufspalten, bevor sie ins Blut aufgenommen werden können. Die Folge: Der Blutzucker schlägt nicht extrem nach oben oder unten aus, sondern bleibt konstanter.

WILLKOMMENER BALLAST!

Eine dritte Kohlenhydratgruppe bilden die Ballaststoffe. Das sind Faserstoffe aus Gemüse, Obst, Kernen und Vollkornprodukten, die Sie nicht verdauen können. Sie liefern also keine Energie, tun aber **viel Gutes im Körper**: Sie quellen in Magen und Darm auf, sorgen so für ein langanhaltendes Sättigungsgefühl, lockern den Stuhl, halten den Blutzuckerspiegel konstant und binden nebenbei noch das ungesunde LDL-Cholesterin. Diese wichtigen Low-Carb-Bausteine kommen in der deutschen Durchschnittsernährung oft zu kurz. Die empfohlene Menge von 30 g Ballaststoffen nehmen die wenigsten pro Tag zu sich.

LECKER & LOW CARB

Halten Sie sich vor allem an Gemüse, Salate, Milchprodukte, Eier, fetten Fisch wie Lachs, Makrele und Hering, an mageres Fleisch und Hülsenfrüchte sowie an hochwertige pflanzliche Fette (z. B. Olivenöl, Nüsse, Samen, Avocado). So fällt es ganz leicht, sich satt zu essen und die Low-Carb-Marke nicht zu überschreiten. Auch ein bis zwei Portionen Obst, ein Löffelchen Honig im Smoothie sowie kleine Mengen Vollkornprodukte sind kein Problem.

ACHTUNG: HIGH CARBS!

Weißmehlprodukte, Süßigkeiten, gezuckerte Getränke, weißer Reis, Hartweizennudeln und Zucker sind Carb-Bomben – davon wirklich nur kleine Mengen in den täglichen Speiseplan einbauen. Aber Sie werden sowieso bald feststellen, dass sich Ihr Geschmack verändert. Oft reicht die Süße von Früchten aus, um einen angenehmen Süßgeschmack zu empfinden. Ein »normaler« Keks kommt Ihnen dann völlig übersüßt vor.

LOW-CARB-PARTNER THERMOMIX

Viel Gemüse im Rezept erfordert viel Schnippelarbeit. Es gibt Menschen, die haben Freude daran. Und die anderen übergeben ganz entspannt an Küchenhelfer Thermomix.

VIELE, VIELE VITAMINE ...

Thermomix und Low Carb – zwei Welten treffen aufeinander? Nein, gar nicht! Gehören Sie zu denjenigen, deren Zeitbudget immer knapp ist? Deshalb suchen Sie nach einer Möglichkeit, gesunde, unkomplizierte Low-Carb-Rezepte zu zaubern, ohne stundenlang in der Küche stehen zu müssen? Dann ist der Thermomix für Sie eine **Küchenhilfe par excellence**. Denn Low Carb heißt: viel Gemüse. Dank Thermomix fällt aber zeitraubende Schnippelarbeit komplett weg. Putzen, schälen, in grobe Stücke schneiden reicht – den Rest erledigt für Sie das Schneidemesser im Mixtopf. So stehen feincremige Smoothies, knackige Rohkostsalate, Dips und Aufstriche, die nur so vor Vitaminen, Eiweiß und gesunden Fetten strotzen, im Handumdrehen auf dem Tisch – oder landen schnell und unkompliziert in der Lunchbox für die gesunde Mittagspause.

Fleisch und Fisch werden in der Pfanne oder im Ofen gerne mal trocken. Das passiert per schonendem Dampf im Varoma nicht mehr. Während im Mixtopf eine feine Sauce schmurgelt, garen im Varoma-Behälter und/oder auf seinem Einlegeboden Fisch, Fleisch oder Gemüse. Und inzwischen haben Sie einfach Zeit für sich.

Auch hitzeempfindliche Vitamine sind dankbar für die milden Temperaturen bis maximal 120°, die auf sanfte Art und Weise das Gemüse al dente und nicht matschig garen.

... UND KEINE ZUSATZSTOFFE!

Wer seinen Speiseplanregler in Richtung gesund dreht, der möchte normalerweise auch auf Fertigprodukte verzichten. Denn darin verstecken sich zum einen oft künstliche Zusatzstoffe wie Konservierungs-, Aroma- und Farbstoffe, aber auch Kohlenhydrate in Form von Zucker,

Sirups oder Stärke. Sie belasten Ihr Carb-Konto, ohne dass Sie es bemerken. Mit dem Thermomix dagegen zaubern Sie Mayonnaise, Sauce Hollandaise, Vanillesauce oder Suppenwürze aus 100 Prozent Natur mit **Gelinggarantie**. Komplett ohne Glutamat, Füllstoffe und künstliches Gedöns, dafür aber mit richtig gutem Geschmack und fernab vom industriellen Einheitsbrei!

LOW-CARB-BACKEN

Für Ratzfatz-Low-Carb-Brötchen knetet der Thermomix Teige im Stile einer Turboküchenmaschine. Getreidekörner werden in Sekundenschnelle zu Vollkornmehl oder Schrot. Low-Carb-Mehl-Alternativen wie gemahlene Nüsse, geschrotete Leinsamen oder Linsenmehl herzustellen, ist für die Schneidemesser ein Klacks. Wer Probleme hat, manche dieser Spezialprodukte zu bekommen oder wem sie einfach zu teuer sind, der stellt sie mit dem Thermomix aus den deutlich günstigeren Rohstoffen einfach selbst her. Für den kleinen Süßhunger zwischendurch verwenden wir Zuckeraustauschstoffe wie Stevia oder Birkenzucker möglichst selten, da die Ausgangsprodukte im Herstellungsprozess sehr stark industriell bearbeitet werden, bis das Endprodukt in der Dose landet. Wir bevorzugen die **natürliche Süße** von Früchten, z. B. Vollrohrzucker, Honig und Ahornsirup sowie nachhaltig produzierten Kokosblütenzucker, der zwar relativ teuer in der Anschaffung ist, aber den Blutzuckerspiegel nicht so stark und schnell ansteigen lässt wie herkömmlicher Zucker. Zudem spenden die Aromen von Vanille, Zimt oder Tonkabohne einen dezenten Süßgeschmack. Damit lässt sich ein Teil des ansonsten nötigen Zuckers schon wieder wegmogeln. Überzeugen Sie sich ganz einfach selbst!

Feines Frühstück, SNACKS & kernige Brotzeit

Low-Carb-CRACKER

FÜR 1 BACKBLECH (12 STÜCK)

50 g Kürbiskerne | 100 g rote Linsen | 50 g Haferkleie | 20 g Kürbiskernöl (2 EL) | 15 g geschroteter Leinsamen | 15 g heller Sesam | 1 TL gemahlener Kreuzkümmel | Salz

Zubereitung: 25 Min. + 45 Min. Backen
Pro Stück ca. 90 kcal, 4 g E, 5 g F, 6 g KH

1 Die Kürbiskerne in den Mixtopf geben und 3 Sek. / Stufe 5 hacken, in ein Schälchen umfüllen.

2 Die Linsen im Mixtopf 1 Min. / Stufe 7 fein mahlen. Kleie, Kürbiskerne, Kürbiskernöl, Leinsamen, Sesam und Kreuzkümmel sowie ½ TL Salz mit 100 g Wasser dazugeben und alles 10 Sek. / Stufe 3–4 mischen. Falls nötig, nochmals bis zu 50 g Wasser untermischen, der Teig sollte aber eher fest sein, damit er später ausgerollt werden kann. Teig ca. 10 Min. quellen lassen.

3 Den Backofen auf 160° vorheizen. Die Masse auf einem Bogen Backpapier grob verteilen, einen zweiten Bogen auflegen. Mit einem Nudelholz die Masse dünn ausrollen, dann das obere Backpapier abnehmen. Das Backpapier mit der Masse auf ein Backblech ziehen. Die Masse im heißen Ofen (Mitte) ca. 15 Min. backen.

4 Dann aus dem Ofen nehmen, die Ofentemperatur auf 120° herunterschalten. Kürbiskernmasse in Rauten oder Quadrate schneiden und im Ofen in ca. 30 Min. fertig backen, dabei immer mal wieder die Türe kurz öffnen. Anschließend die Masse bei spaltoffener Tür noch ca. 10 Min. im abgeschaltetem Ofen trocknen lassen, dann in die vorgeschnittenen Stücke brechen.

FRISCHKÄSE
mit Rucola

FÜR 2 TWIST-OFF-GLÄSER À 250 ML (12 PORTIONEN) + 1 400 ML MOLKE

2 000 g Vollmilch | Saft von 2 Zitronen | Salz | 1 kleines Bund Rucola

Zubereitung: 15 Min. + 30 Min. Abtropfen + 12 Std. Ruhen

Pro Portion Frischkäse (ohne Molke): ca. 110 kcal, 6 g E, 6 g F, 8 g KH

1 Die Milch im Mixtopf 10 Min. / 100° / Stufe 2 erhitzen. Zitronensaft und 1 TL Salz durch den Deckel dazugeben und alles 1 Min. / 100° / Linkslauf / Stufe 2 aufkochen. Dabei gerinnt die Milch, und es entstehen kleine Klümpchen, die sich von der Molke abtrennen.

2 Alles durch ein mit einem Mulltuch ausgelegtes Sieb gießen, dabei die Molke auffangen. Den körnigen Frischkäse im Sieb ca. 30 Min. gut abtropfen lassen. Soll er schnittfest bzw. trockener werden, den Frischkäse danach noch etwas ausdrücken.

3 Dann den Rucola verlesen, waschen, trocken schütteln und fein hacken. Die Frischkäsemasse mit dem Rucola verrühren, in eine Form pressen und vor dem Servieren über Nacht im Kühlschrank ruhen lassen.

AUSTAUSCH-TIPPS

Wer möchte, kann den Rucola auch weglassen oder durch andere Gewürze, frische oder getrocknete Kräuter oder durch Tomaten ersetzen. Die entstehende Molke ist ein gesunder Durstlöscher. Mit frischen Früchten gemixt wird sie zum Wellnessdrink.

Champignon-AUFSTRICH mit Kräutern

FÜR 2 TWIST-OFF-GLÄSER À 150 ML (10 PORTIONEN)

1 kleine Zwiebel (ca. 60 g) | 1 Knoblauchzehe | 200 g braune Champignons | ½ Bund Petersilie | 1 Zweig Thymian | 15 g Olivenöl (1½ EL) | 75 g Sonnenblumenkerne | 30 g Rucola | 5 g mittelscharfer Senf (1 TL) | 5 g Honig (1 TL) | Salz | Pfeffer

Zubereitung: 15 Min.

Pro Portion ca. 160 kcal, 6 g E, 13 g F, 4 g KH

1 Zwiebel und Knoblauch schälen und 5 Sek. / Stufe 5 hacken. Mit dem Spatel am Topfrand nach unten schieben. Die Champignons putzen und je nach Größe halbieren oder vierteln. Petersilie waschen und trocken schütteln. Die Blätter abzupfen.

2 Petersilie und Pilze in den Mixtopf zur Zwiebelmischung geben. Alles 3 Sek. / Stufe 6 zerkleinern und erneut mit dem Spatel am Topfrand nach unten schieben. Thymian waschen und trocken schütteln. Die Blättchen abzupfen und mit dem Öl in den Mixtopf geben. Zusammen 10 Min. / 120° / Stufe 2 braten.

3 Inzwischen die Sonnenblumenkerne in einer Pfanne ohne Fett rösten, bis sie duften, dann herausnehmen. Rucola verlesen und waschen. Die Blätter grob zupfen und nach Ende der Pilz-Garzeit mit dem Senf und den Sonnenblumenkernen in den Mixtopf geben. Alles mit Honig, Salz und Pfeffer würzen und 20 Sek. / Stufe 8 fein pürieren. Der Champignon-Aufstrich passt sehr gut zum Eiweißbrot (s. S. 20).

INFO

Braune Champignons heißen auch Egerlinge oder Steinchampignons. Nehmen Sie in der Saison im Herbst stattdessen mal Steinpilze oder Pfifferlinge.

Orientalischer OBATZTER

FÜR 2 TWIST-OFF-GLÄSER À 200 ML (12 PORTIONEN)

½ Zwiebel (ca. 40 g) | 4 Stängel Petersilie | 200 g Camembert | 50 g Butter | 100 g Quark (40 % Fett i. Tr.) | ½ TL gemahlener Kreuzkümmel | 1 EL Schwarzkümmel | 1 Prise Zimtpulver | 1 Prise gemahlene Kurkuma | Salz

Zubereitung: 5 Min.

Pro Portion ca. 290 kcal, 14 g E, 25 g F, 3 g KH

1 Die Zwiebelhälfte schälen, die Petersilie waschen und trocken schütteln. Die Blätter abzupfen und mit der Zwiebel im Mixtopf 3 Sek. / Stufe 5 zerkleinern. Mit dem Spatel am Topfrand nach unten schieben.

2 Den Camembert in Stücke schneiden, mit Butter, Quark, Gewürzen und ½ TL Salz dazugeben und alles 10 Sek. / Stufe 5 zerkleinern und verrühren. Der Obatzter hält sich im Kühlschrank 3–4 Tage.

AUSTAUSCH-TIPP

Der Camembert kann gut durch Limburger-Käse ersetzt werden. Statt Quark eignen sich auch Schmand oder Frischkäse für diesen Aufstrich.

Bayrisch-orientalisches Dreamteam - blitz-schnell gezaubert!

GEBALLTE ENERGIE

mal herzhaft, mal süß und immer Low Carb

KERNIGE TOMATEN-KUGELN

FÜR 25 STÜCK

100 g getrocknete Soft-Tomaten in grobe Stücke schneiden und mit 70 g Sonnenblumenkernen, 30 g Kürbiskernen, 20 g Kürbiskernöl (2 EL) sowie 15 g feinen Haferflocken in den Mixtopf geben. Alles zusammen 10 Sek. / Stufe 7 zerkleinern. Dann aus der Masse 25 haselnussgroße Kugeln formen.

Zubereitung: 10 Min.
Pro Stück ca. 37 kcal, 1 g E, 3 g F, 1 g KH

APRIKOSEN-KOKOS-PRALINEN

FÜR 20 STÜCK

100 g getrocknete Soft-Aprikosen, 15 g kandierten Ingwer, 1 Prise gemahlene Kurkuma, 75 g Kokosraspel und 25 g Kokosöl (2 ½ EL) in den Mixtopf geben und alles zusammen 15 Sek. / Stufe 7 zerkleinern. Aus der Masse 20 haselnussgroße Kugeln formen und die Kugeln nach Belieben in 2 EL Kokosraspeln wälzen.

Zubereitung: 10 Min.
Pro Stück ca. 50 kcal, 0 g E, 4 g F, 4 g KH

PAPRIKA-SESAM-BALLS

FÜR 25 STÜCK

3 Reiswaffeln (nach Belieben mit Rosmaringeschmack) im Mixtopf 5 Sek. / Stufe 6 zerkleinern. 30 g dunklen Sesam, 50 g Tahin (Sesampaste), 20 g getrocknete Paprikastücke, 20 g Wirsingchips (Bioladen), 1 Prise Salz und 20 g geröstetes Sesamöl (2 EL) dazugeben und alles zusammen 10 Sek. / Stufe 7 fein hacken. Dann aus der Masse 25 haselnussgroße Kugeln formen und die Kugeln nach Belieben noch in 3 EL edelsüßem Paprikapulver wälzen.

Zubereitung: 10 Min.
Pro Stück ca. 34 kcal, 1 g E, 3 g F, 1 g KH

DATTEL-NUSS-BÄLLCHEN

FÜR 25 STÜCK

120 g gemischte Nusskerne (z. B. Haselnuss-, Walnuss-, Cashew- und Paranusskerne) im Mixtopf 5 Sek. / Stufe 7 mahlen. 100 g Datteln (entsteint), 30 g Mandelmus (ersatzweise anderes Nussmus), 20 g Erdmandelflocken (ersatzweise fein gemahlene Mandeln), 20 g Quinoaflocken (ersatzweise feine Haferflocken) und ¼ TL Kardamom dazugeben und alles zusammen 10 Sek. / Stufe 7 hacken, bis eine fein-krümelige Masse entstanden ist. Dann aus der Masse 25 haselnussgroße Kugeln formen und die Kugeln nach Belieben noch in 3 EL Kakaopulver wälzen.

Zubereitung: 10 Min.
Pro Stück ca. 56 kcal, 1 g E, 4 g F, 4 g KH

Schnelle Muntermacher: Für ein Ratzfatz-Frühstück oder den kleinen Hunger zwischendurch haben wir die rundum beliebten Energy Balls entcarbt - happ, happ und weg! Gut gekühlt halten sich die Powerbällchen 4-5 Tage.

Low-Carb-
EIWEISSBROT
mit Leinsamen

FÜR 1 KASTENFORM (30 CM LÄNGE; 24 SCHEIBEN)

100 g Mandeln
105 g Leinsamen
50 g Haferkleie
20 g Sonnenblumenkerne
5 Eier (M)
300 g Magerquark
15 g Backpulver (3 TL)
5 g Meersalz

Außerdem:

Öl für die Form

Zubereitung: 15 Min. + 1 Std. Backen + Abkühlen
Pro Scheibe ca. 85 kcal, 6 g E, 6 g F, 2 g KH

1 Die Kastenform mit Öl fetten. Den Backofen auf 180° vorheizen. Mandeln in den Mixtopf geben und 20 Sek. / Stufe 5 hacken. Vom Leinsamen 5 g (1 TL) beiseitelegen, den Rest zu den Mandeln in den Mixtopf geben und 5 Sek. / Stufe 8 schroten.

2 Haferkleie, Sonnenblumenkerne, Eier und Quark in den Mixtopf geben. Backpulver und das Meersalz hinzufügen und alles 20 Sek. / Stufe 4 verrühren. Das Mixgut mit dem Spatel am Topfrand nach unten schieben und alles erneut 3 Sek. / Stufe 4 verrühren.

3 Den Teig (er ist sehr feucht!) in die vorbereitete Backform füllen und mit dem beiseitegelegten Leinsamen bestreuen. Die Form in den heißen Ofen (Mitte) schieben und das Brot in ca. 1 Std. goldbraun backen, dann noch ca. 10 Min. in der Form abkühlen lassen.

4 Das Brot aus der Form auf ein Kuchengitter stürzen und vollständig auskühlen lassen. Bewahren Sie es in Frischhaltefolie eingewickelt im Kühlschrank auf. So hält es sich bis zu 1 Woche. Oder das abgekühlte Brot in Scheiben schneiden und einfrieren.

AUSTAUSCH-TIPP

Sie können das Rezept vielfältig abwandeln: Verwenden Sie beispielsweise statt der Mandeln Nüsse, z. B. Walnuss-, Haselnuss- oder Pekannusskerne. Wer mag, kann auch 2 Eier durch 50 g geschmacksneutrales Süßlupinen-Eiweißpulver ersetzen. Das bringt noch mehr Eiweiß und eine zusätzliche Bindung ins Brot.

Perfekt zu unseren
pikanten und
süßen Aufstrichen
(S. 16 und 22)!

SÜSS UND GUT DRAUF!

Low-Carb-Hits für Frühstücksfans

BEEREN-CHIA-AUFSTRICH

FÜR 2 TWIST-OFF-GLÄSER À 200 ML (20 PORTIONEN)

150 g Erdbeeren und 150 g Himbeeren abbrausen, putzen und trocken tupfen. Mit ¼ TL gemahlener Vanille und 20 g Rohrohrzucker im Mixtopf 5 Sek. / Stufe 6 zerkleinern. Mit 100 g Chia-Samen 15 Sek. / Stufe 4 verrühren. Masse in kochend heiß ausgespülte Twist-off-Gläser füllen und verschließen. Mindestens 3 Std. im Kühlschrank quellen lassen. Hält sich im Kühlschrank 3–4 Tage, tiefgekühlt ca. 6 Monate.

Zubereitung: 15 Min. + 3 Std. Quellen
Pro Portion ca. 30 kcal, 1 g E, 2 g F, 2 g KH

MANDEL-APRIKOSEN-MUS

FÜR 2 TWIST-OFF-GLÄSER À 150 ML (15 PORTIONEN)

Die Hälfte der Schale von ½ Bio-Orange dünn abschälen und im Mixtopf 10 Sek. / Stufe 10 pulverisieren. 50 g getrocknete Soft-Aprikosen mit 100 g geschälten Mandeln 20 Sek. / Stufe 6 hacken, dann nach unten schieben. Orangenhälfte großzügig schälen, in Stücke schneiden und mit 10 g Zitronensaft und ½ TL Zimtpulver hinzufügen. Alles 6 Min. / 90° / Stufe 1 erhitzen, dann 8 Sek. / Stufe 6 pürieren. Masse in kochend heiß ausgespülte Twist-off-Gläser füllen und verschließen. Hält sich im Kühlschrank bis zu 2 Wochen.

Zubereitung: 20 Min.
Pro Portion ca. 50 kcal, 2 g E, 4 g F, 3 g KH

KIWI-LIMETTEN-CURD

FÜR 2 TWIST-OFF-GLÄSER À 250 ML (25 PORTIONEN)

3 Kiwis schälen und in Stücke schneiden. 2 Bio-Limetten waschen und abtrocknen. die Schale fein abreiben, Saft auspressen. 100 g Saft mit den Kiwistücken 30 Sek. / Stufe 5 pürieren. 3 sehr frische Eier (M), 60 g Rohrohrzucker und 70 g Stevia-Streusüße in den Mixtopf geben, Rühreinsatz aufsetzen und alles in 8 Min. / 70° / Stufe 1 cremig aufschlagen. 70 g weiche Butter 30 Sek. / Stufe 3 untermischen. Masse in kochend heiß ausgespülte Twist-off-Gläser füllen, verschließen und im Kühlschrank fest werden lassen. Hält sich im Kühlschrank ca. 2 Wochen.

Zubereitung: 30 Min. + mindestens 2 Std. Kühlen
Pro Portion ca. 50 kcal, 1 g E, 3 g F, 3 g KH

SCHOKO-AVOCADO-CREME

FÜR 1 TWIST-OFF-GLAS À 300 ML (15 PORTIONEN)

Das Fruchtfleisch von 2 großen reifen Avocados mit 40 g Kakaopulver und ½ TL abgeriebener Bio-Orangenschale im Mixtopf 10 Sek. / Stufe 4 rühren. 30 g Dattelsirup dazugeben und 5 Sek. / Linkslauf / Sanftrührstufe unterrühren. Creme in ein kochend heiß ausgespültes Twist-off-Glas füllen und verschließen. Hält sich im Kühlschrank bis zu 3 Tage.

Zubereitung: 10 Min.
Pro Portion ca. 75 kcal, 1 g E, 7 g F, 2 g KH

Süße Aufstriche sorgen für gute Laune am Morgen und einen fitten Start in den Tag. Mit Früchten, Mandeln und Schoko sind sie im Nu zubereitet. Ihre Lieben werden sie am Frühstückstisch garantiert mit einem Lächeln belohnen.

Kernige BRÖTCHEN mit Kresse

FÜR 4 STÜCK

200 g Frischkäse | 2 Eier (M) | 10 g Backpulver (½ Pck.) | 15 g Chia-Samen | 40 g Flohsamenschalen | 50 g Leinmehl (Bio-Laden; ersatzweise Sojamehl) | 30 g Sonnenblumenkerne | Salz | 1 Beet Kresse

Zubereitung: 15 Min. + 35 Min. Backen
Pro Stück ca. 205 kcal, 17 g E, 13 g F, 4 g KH

1 Den Backofen auf 180° vorheizen. Frischkäse, Eier, Backpulver, Chia-Samen, Flohsamenschalen, Leinmehl, Sonnenblumenkerne und 1 TL Salz in den Mixtopf geben und in 1 Min. / Teigstufe zu einem homogenen, gut formbaren Teig verkneten. Die Kresse vom Beet in den Mixtopf schneiden und 10 Sek. / Teigstufe unterkneten. Den Teig 5 Min. quellen lassen.

2 Den Teig in vier Portionen teilen und daraus jeweils mit angefeuchteten Händen Brötchen formen. Die Brötchen auf ein mit Backpapier belegtes Blech legen und mit einem Messer über Kreuz einschneiden.

3 Die Brötchen im heißen Ofen (Mitte) in ca. 35 Min. goldbraun backen. Die fertigen Brötchen auf einem Kuchengitter auskühlen lassen und am besten zu den pikanten Aufstrichen (s. S. 16) genießen.

Kräuterfrischer Eiweiß-Boost

Chia-BRÖTCHEN mit Mohn

FÜR 4 STÜCK

30 g Mandeln | 150 g Magerquark | 2 Eier (M) | 10 g Backpulver (½ Pck.) | 15 g Chia-Samen | 40 g Flohsamenschalen | 20 g Mohnsamen | Salz

Zubereitung: 15 Min. + 30 Min. Backen

Pro Stück ca. 160 kcal, 12 g E, 10 g F, 3 g KH

1 Den Backofen auf 180° vorheizen. Die Mandeln im Mixtopf 3 Sek. / Stufe 6 hacken. Dann den Quark mit Eiern, Backpulver, Chia-Samen, Flohsamenschalen, Mohn und 1 TL Salz dazugeben und alles in 1 Min. / Teigstufe zu einem homogenen, gut formbaren Teig verkneten. Den Teig ca. 5 Min. quellen lassen.

2 Den Teig in vier Portionen teilen und daraus jeweils mit angefeuchteten Händen Brötchen formen. Die Brötchen auf ein mit Backpapier belegtes Blech legen.

3 Die Brötchen im heißen Ofen (Mitte) in ca. 30 Min. goldbraun backen. Die fertigen Brötchen auskühlen lassen und mit den süßen (s. S. 22) oder pikanten Aufstrichen (s. S. 16) genießen.

SMOOTH, SMOOTHER, SMOOTHIES!

coole Ideen für Vitamin-Junkies

HEIDELBEER-MINZE-LASSI

FÜR 2 PERSONEN

200 g TK-Heidelbeeren (gefroren oder aufgetaut) mit 2 cm Bio-Limettenschale und 6 Minzeblättern im Mixtopf 5 Sek. / Stufe 6 zerkleinern. 250 g griechischen Joghurt und 100 g ungesüßten Kokosdrink dazugeben. Alles in 30 Sek. / Stufe 9 zu einem cremigen Smoothie pürieren. Heidelbeer-Minze-Lassi auf zwei Gläser verteilen und sofort genießen.

Zubereitung: 5 Min.
Pro Portion ca. 190 kcal, 4 g E, 13 g F, 13 g KH

MANGO-FELDSALAT-SMOOTHIE

FÜR 2 PERSONEN

½ Mango schälen. Das Fruchtfleisch zuerst vom Stein, dann in grobe Würfel schneiden und davon 130 g in den Mixbecher geben. 50 g Feldsalat putzen, waschen, trocken schütteln und zur Mango geben. Mango und Salat 5 Sek. / Stufe 5 mixen. 250 g ungesüßten Mandeldrink und 20 g Leinöl (2 EL) dazugeben. Alles in 20 Sek. / Stufe 8 zu einem cremigen Smoothie pürieren. Mango-Feldsalat-Smoothie auf zwei Gläser verteilen und sofort genießen.

Zubereitung: 5 Min.
Pro Portion ca. 150 kcal, 1 g E, 12 g F, 8 g KH

CANTALOUP-FENCHEL-SMOOTHIE

FÜR 2 PERSONEN

¼ Cantaloupmelone (ungeputzt ca. 360 g) von den Kernen befreien, schälen und ca. 5 cm groß würfeln. 1 kleinen Fenchel putzen, waschen, halbieren und ohne Strunk ca. 3 cm groß würfeln. ¼ rote Chilischote entkernen, waschen und mit Melone, Fenchel und ¼ TL Fenchelsamen (nach Belieben) im Mixtopf 5 Sek. / Stufe 6 zerkleinern. 200 g Wasser, 1 Prise Salz und 20 g Olivenöl (2 EL) dazugeben. Alles in 30 Sek. / Stufe 10 cremig pürieren. Smoothie auf zwei Gläser verteilen und sofort genießen.

Zubereitung: 5 Min.
Pro Portion ca. 130 kcal, 1 g E, 10 g F, 9 g KH

AVOCADO-POWERDRINK

FÜR 2 PERSONEN

1 Avocado (ca. 160 g) halbieren, Kern entfernen. Das Fruchtfleisch mit einem Löffel aus der Schale heben und in den Mixtopf geben. ½ Banane (ca. 60 g) schälen, vierteln und mit 300 g ungesüßtem Kokosdrink in den Mixtopf geben. ½ Limette auspressen, den Saft dazugeben. Alles in 20 Sek. / Stufe 10 zu einem cremigen Smoothie pürieren. Avocado-Powerdrink auf zwei Gläser verteilen und sofort genießen.

Zubereitung: 5 Min.
Pro Portion ca. 225 kcal, 2 g E, 19 g F, 10 g KH

Hier tummeln sich jede Menge Vitamine und Ballaststoffe plus gesunde Fette im Glas: Das ist die Vitalstoffgarantie für alle, die morgens noch keine Lust auf Kauen haben. Und im To-go-Becher verpackt das perfekte Frühstück für unterwegs!

Chia-BOWL mit Granatapfel

FÜR 2 PERSONEN

250 g ungesüßter Mandeldrink | 10 g Mandelmus (2 TL) | ½ TL Zimtpulver | 30 g Chia-Samen | ½ Granatapfel (ca. 150 g) | ½ kleine Papaya (ca. 200 g) | 50 g Heidelbeeren | 50 g Himbeeren | 100 g Joghurt | 20 g feine Haferflocken | 5 g Ahornsirup (1 TL) | 2 EL Mandelblättchen

Zubereitung: 15 Min.

Pro Portion ca. 365 kcal, 12 g E, 20 g F, 24 g KH

1 Den Mandeldrink mit dem Mandelmus und dem Zimtpulver im Mixtopf 10 Sek. / Stufe 1–4 stufenweise ansteigend glatt rühren. Chia-Samen 5 Sek. / Stufe 2 einrühren und etwas quellen lassen.

2 Inzwischen die Kerne mit einem Löffelstiel aus der Granatapfelhälfte lösen. Die Papayahälfte schälen und entkernen. Das Fruchtfleisch in mundgerechte Stücke schneiden. Heidelbeeren waschen.

3 Die Chia-Mischung erneut 5 Sek. / Stufe 3 rühren und umfüllen. Den Mixtopf grob säubern. Himbeeren vorsichtig waschen und im Mixtopf mit Joghurt, Haferflocken und Ahornsirup 10 Sek. / Stufe 5 mischen.

4 Den Himbeerjoghurt in zwei Gläser oder Schälchen geben. Die Chia-Mischung darauf verteilen und jeweils mit den Granatapfelkernen, Papayastücken und Heidelbeeren garnieren. Chia-Bowl mit den Mandelblättchen bestreuen und sofort servieren.

Käse-MINIS

FÜR 24 STÜCK

60 g Gouda | 125 g Mozzarella | ½ Bund Schnittlauch | 250 g Kürbis (ca. 200 g Fruchtfleisch geputzt gewogen; ersatzweise Möhren) | 40 g feine Haferflocken | 2 Eier (M) | Salz | Pfeffer 24er-Mini-Muffin-Form | Fett für die Form

Zubereitung: 5 Min. + 20 Min. Backen

Pro Portion ca. 40 kcal, 2 g E, 3 g F, 1 g KH

1 Den Backofen auf 200° vorheizen. Die Mulden der Form leicht einfetten. Gouda und Mozzarella in den Mixtopf geben und 2 Sek. / Stufe 6 zerkleinern, dann mit dem Spatel am Topfrand nach unten schieben.

2 Den Schnittlauch waschen, trocken schütteln und grob schneiden. Das Kürbisstück schälen, entkernen und in 3 cm große Stücke schneiden. Kürbis mit Schnittlauch und Haferflocken in den Mixtopf geben und 6 Sek. / Stufe 5 zerkleinern. Eier, Salz und Pfeffer dazugeben und alles 10 Sek. / Stufe 4 mischen.

3 Die Masse auf die Mulden der Backform verteilen und im heißen Ofen (Mitte) in 15–20 Min. goldgelb backen. Die Käse-Minis warm oder kalt servieren.

TIPP

Die Käse-Minis machen sich gut auf einem Brunch-Büfett und schmecken auch wunderbar als Snack zwischendurch oder als fix zubereitetes Abendessen mit einem gemischten Salat.

Apfel-Mandel-GRANOLA

FÜR 1 VORRATSDOSE À 750 ML (10 PORTIONEN)

20 g Apfel-Chips | 150 g Mandeln | 20 g Butter | ½ TL Zimtpulver | 20 g Honig | 50 g Getreideflocken (z. B. Hafer, Dinkel)

Zubereitung: 15 Min.

Pro Portion ca. 135 kcal, 4 g E, 10 g F, 7 g KH

1 Die Apfel-Chips im Mixtopf 10 Sek. / Stufe 6 hacken und auf einen Teller schütten. Die Mandeln in den Mixtopf füllen, 4 Sek. / Stufe 6 hacken, anschließend auf einen zweiten Teller geben.

2 Die Butter im Mixtopf 2 Min. / 120° / Stufe 1 schmelzen. Die gehackten Mandeln, Zimt, Honig und Getreideflocken dazugeben und den Mixtopfinhalt 10 Min. / 120° / Linkslauf / Stufe 2 rösten.

3 Fertiges Granola auf einen großen Teller schütten, abkühlen lassen und zum Schluss mit den Apfelstückchen mischen. Granola in eine Vorratsdose umfüllen. So hält es mindestens 2 Wochen.

TIPP

Das Granola schmeckt super zu Joghurt und Früchten, aber auch als Topping auf einer Smoothie-Bowl ist es ein crunchy i-Tüpfelchen.

Super-Nuts-GRANOLA

FÜR 1 VORRATSDOSE À 750 ML (10 PORTIONEN)

100 g Cashewkerne | 100 g Paranusskerne | 15 g Kokosöl (1½ EL) | 20 g Kokosraspel | 20 g Getreideflocken (z. B. Hafer, Dinkel) | 20 g Kokosblütenzucker | 3 EL Kakao-Nibs

Zubereitung: 20 Min.

Pro Portion ca. 195 kcal, 4 g E, 16 g F, 8 g KH

1 Cashew- und Paranusskerne in einer Schüssel mischen. 100 g davon im Mixtopf 4 Sek. / Stufe 6 fein mahlen und auf einen Teller schütten. Restliche Nusskernmischung im Mixtopf 1 Sek. / Stufe 5 hacken.

2 Das Kokosöl im Mixtopf 2 Min. / 120° / Stufe 1 schmelzen. Gemahlene und gehackte Nüsse mit Kokosraspeln, Getreideflocken und dem Zucker dazugeben und 13 Min. / 120° / Linkslauf / Stufe 1 rösten.

3 Fertiges Granola auf einen großen Teller schütten und auskühlen lassen. Zum Schluss die Kakao-Nibs untermischen und das Granola in einer Vorratsdose aufbewahren. So hält es mindestens 2 Wochen.

Kakao-Nibs sind Gute-Laune-Macher.

ROASTBEEF mit Mango-Salsa

FÜR 2 PERSONEN

½ Bund Koriandergrün | 1 kleine Salatgurke (ca. 300 g) | ½ reife Mango (ca. 200 g Fruchtfleisch ohne Stein) | 1 Schalotte (ca. 40 g) | 1 Limette | 10 g Olivenöl (1 EL) | Salz | ½ TL Chiliflocken | 200 g Roastbeef-Aufschnitt | 1 EL heller Sesam

Zubereitung: 20 Min.

Pro Portion ca. 305 kcal, 26 g E, 15 g F, 17 g KH

1 Das Koriandergrün waschen und trocken schütteln, Blätter abzupfen und bis auf einen kleinen Rest im Mixtopf 3 Sek. / Stufe 5 hacken. Mit dem Spatel am Topfrand nach unten schieben.

2 Die Gurke schälen, längs halbieren, entkernen und in dicke Stücke schneiden. Mangohälfte schälen, das Fruchtfleisch in grobe Stücke schneiden. Schalotte schälen und halbieren. Gurke, Mango und Schalotte in den Mixtopf geben. Die Limette auspressen, den Saft hinzufügen. Das Olivenöl, ¼ TL Salz und die Chiliflocken dazugeben. Alles 4 Sek. / Stufe 5 zerkleinern.

3 Roastbeef-Aufschnitt auf Tellern anrichten und die Mango-Salsa darübergeben. Sesam in einer kleinen Pfanne bei mittlerer Hitze anrösten, bis er duftet. Das Roastbeef mit Sesam und Chiliflocken bestreuen und mit restlichem Koriandergrün garniert servieren.

Schnell eine fruchtige Salsa zaubern und das Sonntagsfrühstück ist geritzt!

AVOCADOSALAT
mit Erdbeeren

FÜR 2 PERSONEN

1 kleine Knoblauchzehe | 1 Schalotte (ca. 40 g) | 1 Frühlingszwiebel (ca. 30 g) | 5 g Olivenöl (1 TL) | 150 g Ziegenfrischkäse | 50 g Magerquark | 1 TL Johannisbrotkernmehl | Salz | Pfeffer | 1 reife Avocado (ca. 160 g) | 150 g Erdbeeren | 1 EL Zitronensaft | 1 EL Pinienkerne | 1 kleine Handvoll Basilikumblätter zum Garnieren

Zubereitung: 30 Min.

Pro Portion ca. 580 kcal, 20 g E, 50 g F, 10 g KH

1 Knoblauch und Schalotte schälen, halbieren und im Mixtopf 5 Sek. / Stufe 5 zerkleinern. Frühlingszwiebel putzen, waschen und in feine Ringe schneiden. Mit dem Öl zur Knoblauch-Schalotten-Mischung in den Mixtopf geben und alles 2 Min. / 100° / Stufe 1 dünsten.

2 Ziegenfrischkäse, Quark, Johannisbrotkernmehl, ¼ TL Salz und 1 Prise Pfeffer hinzufügen und alles im Mixtopf 5 Sek. / Stufe 4 mischen. Die Creme umfüllen und ca. 10 Min. im Kühlschrank ruhen lassen.

3 Inzwischen die Avocado halbieren, Kern entfernen. Fruchtfleisch aus der Schale heben und längs in Scheiben schneiden. Erdbeeren abbrausen, entkelchen und in Scheiben schneiden. Beides auf Teller verteilen, mit Salz und Pfeffer würzen und mit Zitronensaft beträufeln. Von der Ziegenkäsecreme mit zwei feuchten Teelöffeln Nocken abstechen und daraufsetzen.

4 Die Pinienkerne in einer Pfanne ohne Fett goldbraun rösten und mit den Basilikumblättern über den Salat streuen. Salat sofort servieren.

SPINAT-BOWL
mit Knusper-Topping

FÜR 4 PERSONEN

60 g gemischte Nusskerne (z. B. Mandeln, Haselnuss-, Pinien- und Cashewkerne) | 15 g Kokosöl (1 ½ EL) | 5 g Ahornsirup (1 TL) | 1 Salatgurke (ca. 400 g) | 1 Banane (ca. 170 g) | 80 g Baby-Blattspinat | 1 Avocado (ca. 160 g) | 10 g Ingwer | 400 g Orangensaft | 6 Datteln (entsteint) | 150 g Mangofruchtfleisch

Zubereitung: 15 Min.
Pro Portion ca. 375 kcal, 6 g E, 26 g F, 28 g KH

1 Die Nusskerne 5 Sek. / Stufe 6 hacken und mit Kokosöl und Ahornsirup im Mixtopf 5 Min. / 120° / Stufe 2 anrösten. In eine Schüssel umfüllen.

2 Die Gurke waschen, die Banane schälen und den Spinat verlesen und waschen. Die Avocado halbieren, Kern entfernen und das Fruchtfleisch mit einem Löffel aus der Schale heben. Den Ingwer schälen.

3 Gurke, Banane, Spinat, Avocado und Ingwer mit Orangensaft, Datteln und 300 g Wasser in den Mixtopf geben und 1 Min. / Stufe 10 fein pürieren. Spinat-Bowl in vier Schüsseln verteilen, das Mangofruchtfleisch in mundgerechte Stücke schneiden und daraufgeben. Bowl mit den Nüssen bestreuen und genießen.

TIPP

Grüne Bowls bekommen ihre appetitliche Farbe und die Vitalstoffe nicht nur durch Spinat. Auch mit Feld- und Kopfsalat, Portulak oder Weizengras werden sie zu fixen Fitmachern, die vor Chlorophyll strotzen.

Krabben-OMELETT aus dem Varoma

FÜR 4 PERSONEN

2 Stängel Dill | 1 kleiner Zucchino (ca. 150 g) | 6 Eier | 50 g Sahne | Salz | Pfeffer | 60 g Nordseekrabben

Zubereitung: 5 Min. + 20 Min. Garen

Pro Portion ca. 180 kcal, 14 g E, 13 g F, 2 g KH

1 Ein Stück Backpapier leicht befeuchten. Den Varoma-Einlegeboden damit so belegen, dass die Luftschlitze frei bleiben, aber nichts durch die Schlitze abfließen kann. Den Dill waschen und trocken schütteln. Dillspitzen abzupfen. Zucchino waschen, putzen und mit dem Dill im Mixtopf 3 Sek. / Stufe 4 raspeln, dann auf dem Einlegeboden verteilen.

2 Die Eier mit Sahne, Salz und Pfeffer im Mixtopf 10 Sek. / Stufe 4 mischen. Eiermasse auf die Zucchiniraspel gießen. Die Krabben darauf verteilen. Den Mixtopf einmal mit klarem Wasser ausschwenken.

3 500 g Wasser in den Mixtopf füllen. Mixtopf verschließen. Den Varoma-Behälter mit dem Einlegeboden aufsetzen und verschließen. Alles 20 Min. / Varoma / Stufe 1 garen. Das Omelett heiß servieren.

VARIANTE

Für 4 Eier im Glas jeweils 1 Ei in ein kleines gebuttertes Glas schlagen, nach Belieben mit geriebenem Käse, Schinken-, Tomatenwürfeln oder Räucherlachsstreifen belegen, salzen, pfeffern und in den Varoma-Behälter stellen. 500 g Wasser in den Mixtopf einwiegen, den Varoma verschließen, aufsetzen und die Eier 13 Min. / Varoma / Stufe 1 garen.

Joghurt
Joghurt
Joghurt
Joghurt
Joghurt
Joghurt
Joghurt
Joghurt

Homemade:

LUNCH

to go

Topinambur-ROHKOSTSALAT mit Fenchel

FÜR 4 PERSONEN

1 kleiner Fenchel (ca. 120 g) | 2 Stangen Staudensellerie | 150 g Topinambur | ½ Birne | 1 Zweig Thymian | 30 g Zitronensaft | 20 g Olivenöl (2 EL) | Salz | Pfeffer

Zubereitung: 10 Min. + 1 Std. Ruhen

Pro Portion ca. 75 kcal, 1 g E, 5 g F, 5 g KH

1 Den Fenchel putzen, waschen und halbieren. Die Hälften vom Strunk befreien und in dünne Streifen schneiden. Die Selleriestangen putzen, waschen und quer in dünne Scheiben schneiden.

2 Topinambur waschen oder schälen und in grobe Stücke schneiden. Die Birnenhälfte schälen, entkernen und in Stücke schneiden. Thymian waschen und trocken schütteln, die Blättchen abzupfen.

3 Topinambur- und Birnenstücke, Thymian, Zitronensaft, Öl, ½ TL Salz und Pfeffer in den Mixtopf geben und 3 Sek. / Stufe 5 zerkleinern. In eine Schüssel oder Box umfüllen und sorgfältig mit Fenchel und Sellerie mischen. Den Salat vor dem Servieren im Kühlschrank mindestens 1 Std. ruhen lassen. Zum Mitnehmen in eine dicht schließende Box verpacken.

TOPPING-TIPP

Geröstete und gehackte Haselnüsse geben dem fruchtigen Salat kernigen Biss. Für unterwegs Nüsse separat verpacken und vor dem Servieren drüberstreuen.

ROTKOHLSALAT mit Matjes-Talern

FÜR 4 PERSONEN

2 Stängel Dill | 2 Matjesfilets | 3 Cornichons | Pfeffer |
½ kleiner Rotkohl (ca. 300 g) |
1 kleiner Apfel (ca. 120 g) | Salz | 20 g Rapsöl (2 EL) |
30 g Rotweinessig | 5 g mittelscharfer Senf (1 TL) |
8 Pumpernickeltaler

Zubereitung: 15 Min.
Pro Portion ca. 220 kcal, 9 g E, 14 g F, 16 g KH

1 Den Dill waschen und trocken schütteln. Dillspitzen abzupfen. Die Matjesfilets grob schneiden und mit Cornichons und Dill in den Mixtopf geben. Alles 5 Sek. / Stufe 5 zerkleinern. Die Mischung pfeffern, etwas ziehen lassen, dann umfüllen und bis zur Verwendung kühl aufbewahren. Mixtopf spülen.

2 Für den Salat den Rotkohl putzen und grob schneiden. Den Apfel waschen, halbieren und entkernen. Rotkohl und Apfel mit ½ TL Salz im Mixtopf 5 Sek. / Stufe 4 zerkleinern. Das Öl dazugeben und 7 Min. / 100° / Stufe 2 dünsten. Dann Essig, Senf und Pfeffer dazugeben und alles 10 Sek. / Stufe 3 verrühren.

3 Kurz vor dem Servieren die Matjes-Mischung auf die Pumpernickeltaler streichen und mit dem Rotkohlsalat anrichten. Zum Mitnehmen die Brottaler und den zubereiteten Salat sowie die Matjes-Mischung separat in dicht schließende Boxen verpacken.

INFO

Matjes ist ein von Mai bis Juli gefangener, in Lake gereifter Hering und enthält wertvolle Fettsäuren.

ROHKÖSTLICHES

kunterbunt gemischt und angemacht

KÜRBIS-AVOCADO-ROHKOST

FÜR 2 PERSONEN

Die Blätter von ½ Bund Koriandergrün abzupfen und im Mixtopf 3 Sek. / Stufe 8 hacken. 300 g Muskat-Kürbis schälen und entkernen. 1 große Möhre (ca. 100 g) schälen. Beides ca. 3 cm groß würfeln und mit 20 g Zitronensaft, 10 g flüssigem Honig (2 TL) und 30 g Olivenöl (3 EL) zum Koriander geben. Mit ½ TL Salz, ½ TL Kreuzkümmel und ½ TL Pul Biber würzen und 5 Sek. / Stufe 5 zerkleinern. Das Fruchtfleisch von 1 reifen Avocado in ca. ½ cm dicke Scheiben schneiden und 1 Sek. / Stufe 5 untermischen. Die Kürbis-Avocado-Rohkost mit 2 EL gemischten, gerösteten Kernen bestreuen und servieren.

Zubereitung: 10 Min.
Pro Portion ca. 535 kcal, 8 g E, 49 g F, 13 g KH

ROTE-BETE-APFEL-TATAR

FÜR 2 PERSONEN

1 Handvoll Dillspitzen 3 Sek. / Stufe 8 hacken. 1 Schalotte und 200 g Rote Bete schälen. 1 kleinen Apfel waschen, vierteln und entkernen. Alles mit 3 Cornichons grob schneiden und mit 1 EL Kapern, 10 g Apfelessig (1 EL) und 10 g Walnussöl (1 EL) zum Dill geben. Mit ¼ TL Salz und 1 Msp. Pfeffer würzen. 6 Sek. / Stufe 5 zerkleinern und mit 1 EL Crème fraîche servieren.

Zubereitung: 10 Min.
Pro Portion ca. 190 kcal, 2 g E, 13 g F, 14 g KH

RAW FENCHEL-ORANGEN-SALAT

FÜR 2 PERSONEN

400 g Fenchel putzen, waschen und ohne Strunk grob schneiden. 1 kleine rote Zwiebel schälen und vierteln. Beides 5 Sek. / Stufe 5 zerkleinern. 1 Orange samt weißer Haut schälen und grob würfeln. Die Blätter von 3 Stängeln Petersilie abzupfen. Mit Orangenstücken, 30 g entsteinten schwarzen Oliven, 15 g Aceto balsamico bianco und 20 g Rapskernöl (2 EL) 2 Sek. / Stufe 5 untermixen. Fenchel-Orangen-Salat mit Salz und Pfeffer würzen. 100 g Schafskäse (Feta) zerbröckeln und vor dem Servieren darüberstreuen.

Zubereitung: 10 Min.
Pro Portion ca. 330 kcal, 12 g E, 25 g F, 13 g KH

KOHLRABI-ROHKOST

FÜR 2 PERSONEN

300 g Kohlrabi schälen und würfeln. 2 Frühlingszwiebeln putzen, waschen und grob schneiden. Beides 5 Sek. / Stufe 5 zerkleinern. 1 kleine Birne waschen, vierteln, entkernen und mit 10 g Zitronensaft 2 Sek. / Stufe 5 untermixen. Umfüllen. Den Mixtopf spülen. 150 g Joghurt, 10 g Weißweinessig, 5 g körnigen Senf, Salz, Pfeffer und 20 g Kürbiskernöl 7 Sek. / Stufe 3 mixen, dann untermischen. 2 EL Kürbiskerne und 2 EL Kresseblättchen darüberstreuen.

Zubereitung: 15 Min.
Pro Portion ca. 290 kcal, 9 g E, 20 g F, 17 g KH

Superfrisch, herrlich fruchtig und schön knackig: So lecker können Vitamine schmecken. Rohkost ist im Thermomix blitzschnell zubereitet - mit gebratenem Fleisch, Fisch oder Halloumi ein leichter Begleiter für die Mittagspause.

Blumenkohl-TABOULÉ

FÜR 2 PERSONEN

1 Knoblauchzehe | 1 Bund Petersilie | 1 Stängel Minze | 20 g Sonnenblumenkerne | 20 g Walnusskerne | 20 g Zitronensaft | 40 g Olivenöl (4 EL) | ¼ TL gemahlener Kreuzkümmel | ¼ TL rosenscharfes Paprikapulver | Salz | Pfeffer | 300 g Blumenkohl | 125 g Tomaten | 2 Frühlingszwiebeln (ca. 60 g) | 200 g Joghurt

Zubereitung: 15 Min.

Pro Portion ca. 405 kcal, 10 g E, 35 g F, 11 g KH

1 Knoblauch schälen. Petersilie und Minze waschen und trocken schütteln. Die Blätter abzupfen und mit Knoblauch, Sonnenblumen- und Walnusskernen im Mixtopf 6 Sek. / Stufe 9 fein zerkleinern. Mit dem Spatel am Topfrand nach unten schieben. Zitronensaft, Öl, Kreuzkümmel, Paprikapulver, ½ TL Salz und 1 Prise Pfeffer dazugeben und alles 5 Sek. / Stufe 5 verrühren. Mischung in eine Schüssel umfüllen, Mixtopf spülen.

2 Den Blumenkohl waschen, putzen und in Röschen teilen, den Strunk schälen und grob schneiden. Die Röschen und den Strunk im Mixtopf 5 Sek. / Stufe 5 zerkleinern, dann in die Schüssel umfüllen.

3 Die Tomaten waschen und ohne die Stielansätze klein würfeln. Die Frühlingszwiebeln putzen, waschen und in feine Ringe schneiden. Beides mit Blumenkohl und Dressing in der Schüssel mischen und mit Salz und Pfeffer abschmecken. Den Joghurt dazu servieren. Zum Mitnehmen den Taboulé in eine dicht schließende Box füllen, den Joghurt separat transportieren.

Wer keine grüne Papaya bekommt, nimmt einfach Salatgurke oder Kohlrabi.

PAPAYASALAT
mit Erdnüssen

FÜR 2 PERSONEN

1 kleine grüne Papaya (ca. 300 g; Asienladen) | 1 große Möhre (ca. 100 g) | 4 Stängel Koriandergrün | 30 g geröstete Erdnüsse | 1 rote Chilischote | 1 Knoblauchzehe | 10 g Rohrohrzucker | 20 g Fischsauce | 20 g Limettensaft | 1 Tomate (ca. 90 g) | 100 g geschälte gegarte Garnelen (Kühlregal)

Zubereitung: 20 Min.

Pro Portion ca. 225 kcal, 15 g E, 9 g F, 13 g KH

1 Die Papaya schälen, längs halbieren und entkernen. Die Möhre schälen. Beides in ca. 3 cm große Stücke schneiden. Koriandergrün waschen, trocken schütteln und die Blätter abzupfen. Papaya, Möhren und Koriander im Mixtopf 12 Sek. / Stufe 5 zerkleinern und umfüllen. Mixtopf spülen und abtrocknen.

2 Die Erdnüsse im Mixtopf 10 Sek. / Stufe 5 hacken und umfüllen. Die Chili halbieren, Kerne entfernen, die Hälften waschen und grob schneiden. Knoblauch schälen, halbieren und mit Chili, Zucker, Fischsauce und Limettensaft 5 Sek. / Stufe 6 zerkleinern und unter die Papaya-Mischung mengen. Die Tomate waschen, ohne den Stielansatz klein würfeln und unterheben.

3 Kurz vor dem Servieren die Garnelen abtropfen lassen und mit den Erdnüssen über den Salat streuen. Zum Mitnehmen den Salat in eine dicht schließende Box füllen, Garnelen und Erdnüsse obendrauf streuen.

Schmeckt super zu
gegrilltem Fleisch!

Spargel-KARTOFFEL-SALAT mit Erbsencreme

FÜR 2 PERSONEN

Für den Salat:
Salz
400 g grüner Spargel
250 g kleine neue Kartoffeln
25 g Olivenöl (2 ½ EL)
2 Frühlingszwiebeln (ca. 60 g)
20 g Weißweinessig
10 g mittelscharfer Senf (2 TL)
Pfeffer

Für die Erbsencreme:
1 Schalotte (ca. 40 g)
1 Knoblauchzehe
125 g frisch gepalte Erbsen (ersatzweise TK)
10 g Olivenöl (1 EL)
½ Bund Basilikum
75 g Crème fraîche
5 g Zitronensaft (½ EL)
Salz
Pfeffer

Zubereitung: 25 Min. + 25 Min. Garen
Pro Portion ca. 465 kcal, 10 g E, 34 g F, 29 g KH

1 Für den Salat 500 g Wasser und 10 g Salz in den Mixtopf geben. Mixtopf verschließen. Den Spargel waschen, holzige Enden abschneiden. Stangen im unteren Drittel schälen, schräg in ca. 4 cm lange Stücke schneiden und in den Varoma-Behälter geben, dabei die Spitzen als oberste Schicht legen.

2 Kartoffeln waschen, gründlich abbürsten und längs vierteln. Den Varoma-Einlegeboden mit ½ EL Olivenöl einstreichen und auf den Varoma-Behälter setzen. Die Kartoffeln darauf verteilen. Den Varoma verschließen und auf den Mixtopf setzen. Alles 20 Min. / Varoma / Stufe 2 dämpfen. Varoma vom Mixtopf nehmen und beiseitestellen. Den Mixtopf leeren und kalt spülen.

3 Die Frühlingszwiebeln putzen, waschen, grob schneiden und im Mixtopf 3 Sek. / Stufe 5 zerkleinern. Rühraufsatz einsetzen. Essig, Senf, ¼ TL Salz, etwas Pfeffer und 20 g Öl (2 EL) hinzufügen und alles 10 Sek. / Stufe 4 mischen, dann in eine Schüssel umfüllen. Die Kartoffeln und den Spargel heiß unterheben.

4 Für die Erbsencreme Schalotte und Knoblauch schälen, halbieren und im Mixtopf 5 Sek. / Stufe 5 zerkleinern. Erbsen und 10 g Öl (1 EL) dazugeben und alles 5 Min. / 100° / Linkslauf / Sanftrührstufe dünsten. Das Basilikum waschen und trocken schütteln. Blätter abzupfen, die Hälfte davon mit Crème fraîche, Zitronensaft, ¼ TL Salz und 2 Prisen Pfeffer in den Mixtopf geben und 6 Sek. / Stufe 9 untermixen. Übriges Basilikum grob zerzupfen.

5 Zum Servieren den Salat auf Teller verteilen, jeweils mit einem Klecks Erbsencreme anrichten und mit übrigem Basilikum bestreuen. Oder zum Mitnehmen Salat und Erbsencreme separat in eine große und eine kleine Box füllen und jeweils gut verschließen.

Gebackener PASTINAKENSALAT mit rotem Pesto

FÜR 2 PERSONEN

600 g Pastinaken
8 in Öl eingelegte, getrocknete Tomaten + 50 g Tomatenöl (5 EL)
Salz
Pfeffer
40 g Haselnusskerne
40 g Parmesan
1 EL Aceto balsamico bianco
2 Handvoll Rucola

Zubereitung: 30 Min.
Pro Portion ca. 810 kcal, 14 g E, 68 g F, 34 g KH

1 Den Backofen auf 200° vorheizen. Pastinaken putzen, schälen, längs halbieren und in 3 cm große Stücke schneiden. Diese auf einem Backblech mit 1 EL Tomatenöl, ½ TL Salz und 1 Prise Pfeffer mischen und im heißen Ofen (Mitte) ca. 20 Min. backen.

2 Inzwischen die getrockneten Tomaten mit den Haselnusskernen, 20 g Parmesan in groben Stücken, 30 g Tomatenöl (3 EL), ¼ TL Salz und 1 Prise Pfeffer in den Mixbecher geben und 10 Sek. / Stufe 9 pürieren. Mit dem Spatel das Mixgut nach unten schieben und nochmals 3 Sek. / Stufe 8 mixen, je nach gewünschter Konsistenz auch etwas länger. Das Pesto mit Salz und Pfeffer abschmecken.

3 2 gehäufte EL Pesto abnehmen (den Rest mit Öl bedeckt in einem Schraubglas im Kühlschrank aufbewahren und als Brotaufstrich oder Sauce zu Gemüsenudeln genießen) und in einer Salatschüssel mit dem Essig und dem restlichen Tomatenöl (1 EL) glatt verrühren. Die gebackenen Pastinakenstücke aus dem Ofen holen und noch heiß mit dem Dressing gut vermischen.

4 Den Rucola verlesen, waschen und trocken schütteln. Die Blätter nach Belieben in grobe Stücke schneiden und mit den Pastinaken mischen. Den restlichen Parmesan in groben Spänen darüberhobeln. Den Salat auf zwei Tellern anrichten und servieren.

TIPP

Fürs Büro Pastinaken und Pesto-Dressing am besten schon am Abend vorher zubereiten und erst am nächsten Morgen mischen. Zum Transport die Pastinaken mit dem Dressing in ein Schraubglas füllen, Rucola und Parmesanspäne locker darübergeben.

Warm und kalt ein
Low-Carb-Hit!

SALAT-TOPPINGS

6 x schneller Lunch to go

Bunte Salatmischung kaufen oder selbst zubereiten, Dressing mixen (s. S. 57), in ein Schraubglas füllen und eins der Sattmacher-Eiweiß-Toppings als Beigabe in einer Extra-Box mitnehmen. Fertig, lecker, satt!

Blitz-Mix für die Mittagspause

1

Für 1 Portion Salat 500 g Wasser in den Mixtopf geben, 2 Eier (M) im Gareinsatz 13 Min. / 120° / Stufe 1 hart kochen, dann abschrecken und pellen. Mixtopf ausleeren. 1 Frühlingszwiebel putzen, waschen und in 3 cm lange Stücke schneiden. 50 g Kochschinken in Stücke schneiden und mit den Frühlingszwiebeln im Mixtopf 3 Sek. / Stufe 5 hacken. Eier halbieren, dazugeben und 20 Sek. / Stufe 2 unterrühren.

2

Für 1 Portion Salat 1 Handvoll Basilikumblätter im Mixtopf 3 Sek. / Stufe 8 hacken. 100 g Ricotta, je 1 Prise Salz und Pfeffer 4 Sek. / Stufe 4 unterrühren. 100 g geräucherten Lachs in Scheiben auslegen. Mit Ricotta bestreichen, aufrollen und quer in Röllchen schneiden.

3

Für 1 Portion Salat 1 Handvoll Petersilienblätter mit 30 g Parmesan in groben Stücken und 40 g Haselnusskernen im Mixtopf 6 Sek. / Stufe 6 hacken.

4

Für 1 Portion Salat 40 g Mandeln im Mixtopf 4 Sek. / Stufe 6 hacken und auf einen Teller schütten. 150 g cremigen Schafskäse (Feta) in 2 cm große Würfel schneiden und diese rundherum in den Mandeln wenden. Übrige Mandeln ebenfalls über den Salat streuen.

5

Für 1 Portion Salat 100 g Mini-Mozzarella-Kugeln in einem Sieb abtropfen lassen. 30 g Pinienkerne und 4 getrocknete Soft-Tomaten (ca. 30 g) im Mixtopf 3 Sek. / Stufe 6 hacken, auf einen Teller schütten. Mozzarellakugeln darin wenden, dabei die Paste mit den Händen andrücken. Kugeln mit Basilikumblättern auf Holzzahnstocher stecken.

6

Für 1 Portion Salat 200 g Hähnchenbrustfilet quer in dünne Streifen schneiden. In einer Schüssel mit 1 TL Olivenöl, ¼ TL Salz, 1 Prise Pfeffer und ¼ TL geräuchertem Paprikapulver mischen. 500 g Wasser in den Mixtopf geben. Hähnchenstreifen im geschlossenen Varoma-Behälter auf dem Mixtopf 15 Min. / Varoma / Stufe 1 garen. Auskühlen lassen.

Räucherfisch-SALAT mit Kresse-Ei

FÜR 2 PERSONEN

2 Eier (M) | 2 Bund Radieschen | 1 Frühlingszwiebel (ca. 30 g) | 125 g geräucherte Forellenfilets | 20 g Sojasauce | 20 g geröstetes Sesamöl (2 EL) | ½ TL Honig | Salz | Pfeffer | ½ Beet Kresse

Zubereitung: 15 Min.

Pro Portion ca. 280 kcal, 23 g E, 19 g F, 6 g KH

1 500 g Wasser in den Mixtopf füllen. Die Eier in den Gareinsatz legen, dann diesen in den Mixtopf einhängen. Den Mixtopf verschließen und die Eier in 11 Min. / 120° / Stufe 1 wachsweich garen.

2 In der Zwischenzeit die Radieschen putzen und waschen. Die Frühlingszwiebel putzen, waschen und in ca. 5 cm lange Stücke schneiden. Die geräucherten Forellenfilets in grobe Stücke teilen.

3 Gekochte Eier mit dem Gareinsatz aus dem Mixtopf heben und kalt abschrecken. Mixtopf kalt spülen.

4 Radieschen, Frühlingszwiebel, Sojasauce, Sesamöl und Honig in den Mixtopf geben und 5 Sek. / Stufe 4 hacken. Die Forellenstücke zur Radieschenmischung geben und 3 Sek. / Linkslauf / Stufe 2 unterheben.

5 Zum Servieren den Salat auf zwei Teller verteilen. Die Eier pellen, längs halbieren, auf den Salat legen, leicht salzen und pfeffern. Die Kresse mit einer Schere vom Beet schneiden und auf den Eiern verteilen. Zum Mitnehmen den Salat in eine dicht schließende Box füllen, Kresse separat verpacken und die Eier ungeschält transportieren. Salz nicht vergessen!

Low Carb und high Taste in der Salatschüssel!

Chicorée-BIRNEN-SALAT mit Gorgonzola-Nocken

FÜR 2 PERSONEN

30 g Salatkerne-Mix (z. B. Kürbis-, Pinien-, Sonnenblumenkerne) | 80 g Lauch | 1 Chicorée (ca. 200 g) | 1 große Birne (ca. 350 g) | 30 g Orangensaft | 1/2 TL Rohrohrzucker | 20 g Olivenöl (2 EL) | Salz | Pfeffer | 150 g Frischkäse | 50 g Gorgonzola

Zubereitung: 25 Min.

Pro Portion ca. 405 kcal, 22 g E, 22 g F, 30 g KH

1 Die Kerne im Mixtopf 1 Sek. / Stufe 8 hacken. Kerne auf einen Teller schütten. Lauch putzen, gründlich waschen und in grobe Stücke schneiden. Chicorée längs halbieren, waschen, vom Strunk befreien und in grobe Stücke schneiden. Die Birne waschen, vierteln, entkernen und in 4 cm große Stücke schneiden.

2 Lauch, Chicorée und Birnenviertel mit Orangensaft, Zucker, Öl, ½ TL Salz und 1 kräftige Prise Pfeffer im Mixtopf 5 Sek. / Stufe 4 hacken. Den Salat nochmals mit Salz und Pfeffer abschmecken und in eine Salatschüssel umfüllen. Den Mixtopf spülen.

3 Frischkäse, Gorgonzola und je 1 Prise Salz und Pfeffer im Mixtopf 6 Sek. / Stufe 4 glatt verrühren. Die Creme in eine Schüssel umfüllen. Mit zwei Esslöffeln daraus vier Nocken formen, Nocken in den gehackten Kernen wenden, sodass sie rundherum ummantelt sind, und auf den Salat setzen. Restliche Kerne einfach noch über den Salat streuen. Zum Mitnehmen den Salat samt Nocken und Kernen in eine dicht schließende Dose packen und behutsam transportieren.

Frischer FRÜHLINGSSALAT mit spicy Chicken

FÜR 4 PERSONEN

3 Knoblauchzehen
½ Chilischote
2 Limetten
15 g Sojasauce
20 g Sesamöl (2 EL)
15 g Honig
500 g Hähnchenbrustfilet
3 Blätter Bärlauch
5 g mittelscharfer Senf (1 TL)
40 g Olivenöl (4 EL)
Salz | Pfeffer
200 g Erdbeeren
500 g Spargel
1 Salatgurke (ca. 400 g)
2 kleine Fenchel (ca. 250 g)
1 Avocado (ca. 160 g)
1 Handvoll Wildkräuter-Salat
(ersatzweise Kopfsalat)

Zubereitung: 40 Min.
+ 2 Std. Marinieren
Pro Portion ca. 515 kcal,
32 g E, 37 g F, 12 g KH

1 Knoblauch schälen und halbieren. Chilihälfte entkernen, waschen und 2 Sek. / Stufe 5 im Mixtopf zerkleinern. Limetten auspressen, die Hälfte Saft mit Sojasauce, Sesamöl und 10 g Honig (2 TL) dazugeben und 10 Sek. / Stufe 4 mischen. Hähnchenbrust mit Knoblauch und Chili-Mischung in einen Gefrierbeutel geben und ca. 2 Std. im Kühlschrank ruhen lassen. Mixtopf spülen.

2 Für das Dressing den Bärlauch waschen, grob schneiden und mit übrigem Limettensaft, Senf, restlichem Honig (1 TL), 20 g Olivenöl (2 EL), ½ TL Salz und Pfeffer im Mixtopf 10 Sek. / Stufe 8 pürieren. Umfüllen. Mixtopf spülen und abtrocknen.

3 Erdbeeren abbrausen, entkelchen und in Scheiben schneiden. Spargel waschen, schälen, holzige Enden abschneiden. Stangen in dünne Scheiben schneiden. Gurke waschen, putzen, längs vierteln und in Scheiben schneiden. Fenchel putzen, waschen und halbieren. Vom Strunk befreien und in dünne Streifen schneiden. Avocado halbieren, Kern entfernen. Fruchtfleisch aus der Schale heben und würfeln. Wildkräuter verlesen, waschen und trocken schütteln.

4 Übriges Öl (2 EL) in einer Pfanne erhitzen, die Hähnchenbrust aus der Marinade nehmen, trocken tupfen und ca. 4 Min. pro Seite bei starker Hitze anbraten, dann 5 Min. bei kleinerer Hitze durchgaren, dabei einmal wenden. Kurz vorm Servieren Gemüsezutaten, Erdbeeren und Wildkräuter mit dem Bärlauch-Dressing mischen. Die Hähnchenbrust in Scheiben schneiden und darauf anrichten.

Salatdressing lässt sich prima in einem Glas mit Schraubverschluss transportieren.

GEMÜSESALAT
mit Putenspießchen

FÜR 4 PERSONEN

30 g Haselnusskerne
1 Knoblauchzehe
1 Dose weiße Bohnen (400 g)
1 Zweig Thymian
10 g Zitronensaft (1 EL)
5 in Öl eingelegte, getrocknete Tomaten + 50 g Tomatenöl (5 EL)
1 TL Harissa (scharfe Würzpaste) nach Belieben
Salz | Pfeffer
300 g Blumenkohl
2 Stangen Staudensellerie
10 g Kapern
20 g Aceto balsamico bianco
5 g Honig (1 TL)
400 g Putenschnitzel
2 EL Rapsöl

Außerdem:

8 Schaschlikspieße

Zubereitung: 25 Min.
Pro Portion ca. 415 kcal, 30 g E, 28 g F, 11 g KH

1 Die Haselnüsse in den Mixtopf geben und 5 Min. / 120° / Linkslauf / Sanftrührstufe rösten. Dann den Knoblauch schälen und dazugeben. Knoblauch und Haselnüsse 6 Sek. / Stufe 7 mahlen.

2 Die Bohnen in ein Sieb abgießen. Thymian waschen und trocken schütteln. Die Blättchen abzupfen und mit Bohnen, Zitronensaft, 25 g Tomatenöl (2 ½ EL), Harissa nach Belieben, ½ TL Salz und Pfeffer in den Mixtopf geben. Alles zusammen 20 Sek. / Stufe 8 pürieren. Bohnen-Hummus umfüllen, den Mixtopf spülen.

3 Den Blumenkohl waschen, in Röschen teilen und in den Mixtopf geben. Die Selleriestangen putzen, waschen und in grobe Stücke teilen, dazugeben. Die getrockneten Tomaten abtropfen lassen, grob klein schneiden und mit dem restlichen Tomatenöl (25 g), Kapern, Essig, Honig, ½ TL Salz und Pfeffer 6 Sek. / Stufe 5 zerkleinern. Alles in eine Schüssel umfüllen und ziehen lassen.

4 Inzwischen die Putenschnitzel in mundgerechte Würfel schneiden, auf die Spieße stecken und mit Salz und Pfeffer würzen.

5 Das Rapsöl in einer Pfanne erhitzen. Die Puten-Spießchen darin bei starker Hitze ca. 1 Min. von beiden Seiten kross anbraten, dann pro Seite ca. 3 Min. bei kleinerer Hitze durchbraten. Zum Servieren den Gemüsesalat mit Puten-Spießchen und Hummus anrichten. Zum Mitnehmen Salat, Hummus und Spießchen separat verpacken und am besten möglichst kühl aufbewahren.

Größere Menge als
Vorrat zubereiten!

VINAIGRETTE mit Honig

FÜR 1 TWIST-OFF-GLAS À 200 ML (8 PORTIONEN)

10 g Honig (2 TL) | 10 g mittelscharfer Senf (2 TL) | 1 TL Salz | 2 Prisen Pfeffer | 20 g Aceto balsamico bianco | 40 g Leinöl (4 EL) | 70 g Olivenöl (7 EL)

Zubereitung: 5 Min.

Pro Portion ca. 130 kcal, 0 g E, 14 g F, 1 g KH

1 Alle Zutaten in den Mixtopf geben und zusammen in 10 Sek. / Stufe 8 zu einer cremigen Vinaigrette mixen. In einem Schraubglas im Kühlschrank aufbewahrt hält sich die Vinaigrette mindestens 1 Woche.

VARIANTEN

30 g Parmesan in Stücke schneiden und im Mixtopf 10 Sek. / Stufe 10 fein reiben. Alle Vinaigrette-Zutaten hinzufügen und 10 Sek. / Stufe 8 mixen. Oder ½ Bund Kräuter (z. B. Bärlauch, Petersilie oder Basilikum) waschen und trocken schütteln. Die Blätter abzupfen, mit den übrigen Zutaten in den Mixtopf geben und anschließend 10 Sek. / Stufe 8 mixen.

Für ein Kürbiskerndressing das Leinöl durch Kürbiskernöl und den Aceto balsamico bianco durch einen guten Aceto balsamico ersetzen.

Für eine Vinaigrette mit fruchtiger Note den mittelscharfen Senf durch Feigen- oder Birnensenf ersetzen und nach Belieben den Aceto balsamico bianco gegen einen hochwertigen Obstessig tauschen.

Dickmilch-DRESSING

FÜR 1 TWIST-OFF-GLAS À 200 ML (8 PORTIONEN)

200 g Dickmilch | 15 g Aceto balsamico bianco | 20 g Rapsöl (2 EL) | 10 g Ahornsirup (2 TL) | 1 TL Salz | 1 Prise Pfeffer

Zubereitung: 5 Min.

Pro Portion ca. 40 kcal, 1 g E, 3 g F, 2 g KH

1 Alle Zutaten in den Mixtopf geben und zusammen 10 Sek. / Stufe 6 mixen. Das Dressing nochmals mit Salz und Pfeffer abschmecken. Luftdicht verschlossen im Kühlschrank aufbewahrt hält es sich ca. 1 Woche.

VARIANTEN

Zusätzlich zu den Dressingzutaten noch 1 EL Tomatenketchup mit in den Mixtopf geben.

Für ein Avocado-Dressing 1 Avocado halbieren, den Kern entfernen. Das Fruchtfleisch mit einem Löffel aus der Schale heben und im Mixtopf mit 200 g Dickmilch, 1 TL Limettensaft, den Blättern von 4 Stängeln Basilikum, ¾ TL Salz und 1 kräftigen Prise Pfeffer 10 Sek. / Stufe 8 cremig pürieren.

Snackalarm für
Veggie-Fans!

Linsen-MINI-BULETTEN mit Paprikasalat

FÜR 2 PERSONEN

Für die Mini-Buletten:

1 kleine Zwiebel (ca. 60 g)
1 kleine Knoblauchzehe
1 kleine Möhre (ca. 50 g)
½ TL getrockneter Thymian
30 g Olivenöl (3 EL)
75 g rote Linsen
10 g Korinthen
125 g Gemüsebrühe
1 ½ TL gemahlener Kreuzkümmel
Salz
Pfeffer

Für den Paprikasalat:

2 gelbe Spitzpaprika (ca. 250 g)
½ Salatgurke (ca. 200 g)
2 Stängel Minze
1 rote Chilischote
20 g Apfelessig (2 EL)
20 g Olivenöl (2 EL)
Salz
Pfeffer

Zubereitung: 50 Min.
Pro Portion ca. 405 kcal,
12 g E, 26 g F, 30 g KH

1 Für die Mini-Buletten Zwiebel, Knoblauch und Möhre schälen, grob schneiden und mit dem Thymian im Mixtopf 4 Sek. / Stufe 6 hacken. Mixgut am Topfrand mit dem Spatel nach unten schieben. 10 g Olivenöl (1 EL) dazugeben und alles 4 Min. / 120° / Stufe 1 dünsten. Linsen, Korinthen, Brühe dazuwiegen. Die Linsen 20 Min. / 100° / Linkslauf / Sanftrührstufe garen.

2 Für den Paprikasalat die Spitzpaprikaschoten längs halbieren und weiße Trennwände und Kerne entfernen. Die Hälften waschen und in ca. 3 cm große Stücke schneiden. Die Gurkenhälfte schälen und ebenfalls in ca. 3 cm große Stücke schneiden.

3 Die gegarten Linsen 20 Sek. / Stufe 4–8 stufenweise ansteigend fein pürieren. Mit Kreuzkümmel, ½ TL Salz und ¼ TL Pfeffer abschmecken und umfüllen. Aus der Masse mit angefeuchteten Händen sechs Mini-Buletten formen. Mixtopf spülen und abtrocknen.

4 Die Minze waschen und trocken schütteln, die Blätter abzupfen. Chili halbieren, Kerne entfernen, die Hälften waschen und dritteln. Minzeblätter und Chili m Mixtopf 3 Sek. / Stufe 8 hacken. Paprika und Gurke mit Essig und Öl dazugeben. Alles mit ¼ TL Salz und 1 Prise Pfeffer würzen und 4 Sek. / Stufe 3 zerkleinern.

5 Für die Buletten das restliche Öl (2 EL) in einer beschichteten Pfanne erhitzen. Die Buletten darin bei mittlerer Hitze pro Seite in ca. 5 Min. goldbraun braten. Dann auf Küchenpapier kurz abtropfen lassen und mit dem Paprikasalat servieren. Oder zum Mitnehmen abkühlen lassen und in eine Box füllen. Den Salat extra verpacken.

Mexikanische MAISFRITTERS mit Chilisauce

FÜR 2 PERSONEN

1 Ei (L) | 30 g Dinkelvollkornmehl | 30 g Mandelmehl | 10 g gemahlene Flohsamenschalen (3 TL) | ½ TL Backpulver | 80 g Milch | Salz | Pfeffer | 100 g Mais (aus der Dose) | 15 g Ingwer | 3 Frühlingszwiebeln (ca. 90 g) | 1 getrocknete rote Chilischote | 10 g Weißweinessig (1 EL) | ½ TL Rohrohrzucker (nach Belieben) | 200 g stückige Tomaten (aus der Dose) | 3 EL Olivenöl

Zubereitung: 30 Min. + 15 Min. Ruhen

Pro Portion ca. 400 kcal, 17 g E, 23 g F, 27 g KH

1 Das Ei mit Dinkel- und Mandelmehl, Flohsamenschalen, Backpulver, Milch, ½ TL Salz und ¼ TL Pfeffer im Mixtopf 30 Sek. / Stufe 4 verrühren. Den Mais hinzufügen und 15 Sek. / Stufe 3 untermischen. Dann den Mais-Teig umfüllen und 15 Min. ruhen lassen. Den Mixtopf spülen und abtrocknen.

2 Ingwer schälen und grob schneiden. Frühlingszwiebeln putzen, waschen und in ca. 3 cm breite Stücke schneiden. Beides mit der Chilischote im Mixtopf 5 Sek. / Stufe 5 hacken. Essig, Zucker nach Belieben und Tomaten hinzufügen und 10 Min. / 100° / Stufe 1 dünsten. Die Sauce mit Salz und Pfeffer abschmecken.

3 Das Öl in einer großen beschichteten Pfanne erhitzen. Für die Fritters jeweils 1 ½ EL Mais-Teig in die Pfanne setzen und bei mittlerer Hitze in insgesamt 5–6 Min. von beiden Seiten goldbraun braten. Maisfritters und Chilisauce sofort servieren. Zum Mitnehmen abkühlen lassen und separat verpacken.

Gemüse-PUFFER mit Halloumi

FÜR 2 PERSONEN

150 g Kartoffeln | 100 g Zucchini | 100 g Möhren | 1 kleine Zwiebel | 125 g Halloumi | 2 Eier (M) | 40 g Dinkelmehl (Type 1050) | ½ TL abgeriebene Bio-Zitronenschale | Salz | Pfeffer | 4 EL Olivenöl | 150 g Joghurt | 1 TL Pul Biber (Paprikaflocken)

Zubereitung: 30 Min.

Pro Portion ca. 643 kcal, 28 g E, 46 g F, 31 g KH

1 Die Kartoffeln, Zucchini und Möhren waschen bzw. schälen und alles ca. 2 cm groß würfeln. Die Zwiebel schälen und halbieren. Den Halloumi trocken tupfen und ebenfalls ca. 2 cm groß würfeln.

2 Halloumiwürfel mit Zwiebel, Kartoffeln, Zucchini und Möhren im Mixtopf 7 Sek. / Stufe 5 zerkleinern. Eier, Dinkelmehl, Zitronenschale, 1 Prise Salz und 1 Msp. Pfeffer dazugeben und 15 Sek. / Stufe 6 verrühren. Mixgut nach 10 Sek. nach unten schieben.

3 2 EL Öl in einer großen beschichteten Pfanne erhitzen. Die Hälfte vom Teig esslöffelweise in dem heißen Fett verteilen, leicht flach drücken und in 4–5 Min. pro Seite bei mittlerer Hitze goldbraun braten. Die Puffer herausnehmen und auf Küchenpapier kurz abtropfen lassen. Aus dem restlichen Teig im übrigen Öl (2 EL) weitere Gemüsepuffer braten.

4 Den Joghurt mit Pul Biber verrühren und zu den heißen Gemüsepuffern servieren. Zum Mitnehmen die Puffer abkühlen lassen und in eine Frischhaltebox füllen. Den Joghurt extra verpacken.

Grüne MINESTRONE mit Kräuterricotta

FÜR 2 PERSONEN

Für den Kräuterricotta:

30 g Parmesan
½ Bund gemischte Kräuter
100 g Ricotta
Salz | Pfeffer

Für die Minestrone:

1 Zwiebel (ca. 80 g)
1 Knoblauchzehe
½ TL Fenchelsamen
30 g Olivenöl (3 EL)
250 g Mangold
1 Fenchel (ca. 200 g)
2 kleine Stangen Staudensellerie
1 kleiner Kohlrabi (ca. 200 g)
70 g Quinoa
10 g Gemüsebrühe (Instant)
Salz | Pfeffer
1 Lorbeerblatt
80 g frisch gepalte Erbsen (ersatzweise TK)

Zubereitung: 40 Min.
Pro Portion ca. 465 kcal, 24 g E, 25 g F, 35 g KH

1 Für den Kräuterricotta Parmesan ca. 3 cm groß würfeln und im Mixtopf 2 Sek. / Stufe 8 hacken, umfüllen. Die Kräuter waschen und trocken schütteln, Blätter abzupfen und 3 Sek. / Stufe 8 hacken. Kräuter nach unten schieben. Parmesan, Ricotta, Salz und Pfeffer dazugeben und 5 Sek. / Stufe 4 mischen. Umfüllen. Mixtopf spülen.

2 Für die Minestrone Zwiebel und Knoblauch schälen und halbieren. Beides mit den Fenchelsamen in den Mixtopf geben und 3 Sek. / Stufe 5 hacken. Mit dem Spatel am Topfrand nach unten schieben. Das Öl dazugeben und alles 4 Min. / 120° / Stufe 1 dünsten.

3 Den Mangold waschen. Die Blätter von den Stängeln schneiden, grob hacken und beiseitelegen. Den Fenchel und die Selleriestangen putzen und waschen, den Kohlrabi schälen. Mangoldstängel, Fenchel, Sellerie und Kohlrabi in ca. 3 cm große Stücke schneiden, zusammen in den Mixtopf geben und 3 Sek. / Stufe 4 hacken.

4 Quinoa kalt abbrausen, dazugeben und alles 3 Min. / 120° / Stufe 1 dünsten. 800 g Wasser, Instant-Brühe, ½ TL Salz, ¼ TL Pfeffer und Lorbeerblatt hinzufügen und alles 10 Min / 100° / Stufe 1 kochen. Dann Erbsen und Mangoldblätter dazugeben und 3 Min. / 90° / Linkslauf / Sanftrührstufe erhitzen. Die Suppe abschmecken und mit Kräuterricotta anrichten. Zum Mitnehmen die Suppe in einem Thermobehälter transportieren oder in ein Twist-off-Glas füllen und vor dem Essen in der Mikrowelle erwärmen. Kräuterricotta in einer kleinen Box separat verpacken.

Tomaten-GEMÜSESUPPE mit Lachsklößchen

FÜR 4 PERSONEN

15 g Parmesan
2 Schalotten (ca. 80 g)
20 g Olivenöl (2 EL)
250 g Lachsfilet ohne Haut
2 Stängel Dill
3 Stängel Basilikum
5 g mittelscharfer Senf (1 TL)
Salz
Pfeffer
180 g Tomaten
1 Möhre (ca. 80 g)
1 Zucchino (ca. 200 g)
2 Stangen Staudensellerie
15 g Tomatenmark
500 g Gemüsebrühe
½ TL Oregano

Zubereitung: 35 Min.
Pro Portion ca. 220 kcal,
15 g E, 15 g F, 4 g KH

1 Den Parmesan im Mixtopf 8 Sek. / Stufe 8 zerkleinern, in eine Schüssel umfüllen. Schalotten schälen und halbieren, 1 Schalotte im Mixtopf 5 Sek. / Stufe 5 hacken und mit dem Spatel nach unten schieben. Mit 10 g Öl (1 EL) 3 Min. / 120° / Stufe 1 dünsten.

2 Inzwischen den Lachs grob schneiden. Dill und Basilikum waschen und trocken schütteln, Blätter bzw. Spitzen abzupfen und bis auf ein paar Basilikumblätter mit dem Lachs in den Mixtopf geben. Alles 5 Sek. / Stufe 5 zerkleinern. Die Masse nach unten schieben. Senf, Parmesan, Salz und Pfeffer dazugeben, 10 Sek. / Stufe 3 verrühren. Die Lachsmasse umfüllen. Mixtopf spülen.

3 Die übrige Schalotte 5 Sek. / Stufe 5 hacken, nach unten schieben. Restliches Öl dazugeben und 3 Min. / 120° / Stufe 1 dünsten. Die Tomaten waschen und ohne die Stielansätze in grobe Stücke schneiden. Die Möhre schälen, Zucchino und Sellerie putzen und waschen. Das Gemüse in grobe Stücke schneiden und mit den Tomaten im Mixtopf 5 Sek. / Stufe 5 zerkleinern. Tomatenmark, Brühe, Salz und Pfeffer dazugeben und 5 Min. / 100° / Stufe 1 kochen.

4 Inzwischen mit zwei Teelöffeln zwölf ca. 4 cm große Klößchen aus der Lachsmasse formen und in den Varoma-Behälter setzen. Varoma auf den geschlossenen Mixtopf setzen, verschließen und die Klößchen 10 Min. / Varoma / Stufe 2 garen. Varoma abnehmen, beiseitestellen. Oregano zur Suppe geben, den Messbecher einsetzen und die Suppe 30 Sek. / Stufe 8 grob zerkleinern. Die Suppe mit den Lachsklößchen anrichten und mit übrigem Basilikum bestreuen. Zum Mitnehmen Suppe und Klößchen separat verpacken. Die Suppe dann zuerst erhitzen, die Klößchen darin erwärmen.

ASIA-LÖFFELGLÜCK

Low Carb und ganz ohne Glutamat!

ASIA-SUPPENWÜRZE

FÜR 1 TWIST-OFF-GLAS À 500 ML (34 PORTIONEN)

1 kleine Zwiebel schälen und vierteln. 25 g Ingwer und 20 g Kurkumawurzel waschen. 1 Stange Zitronengras waschen, putzen und in Stücke schneiden. 3 Knoblauchzehen schälen. 1 rote Chilischote putzen, waschen und grob schneiden. 120 g Möhren und 200 g Petersilienwurzel putzen, schälen und in Stücke schneiden. Alles mit Blättern und zarten Stängeln von 1 Bund Koriandergrün und 60 g Salz im Mixtopf mithilfe des Spatels 12 Sek. / Stufe 8 fein hacken. Im Schraubglas im Kühlschrank bis zu 6 Monate haltbar.

Zubereitung: 10 Min.
Pro Portion ca. 9 kcal, 0 g E, 0 g F, 1 g KH

ROTE-BETE-SUPPE

FÜR 2 PERSONEN

4 EL dicke Creme von 1 Dose Kokosmilch (400 g Inhalt) mit 1 TL Currypulver und 1 Prise Salz 5 Sek. / Stufe 5 cremig rühren, umfüllen. 200 g Rote Bete putzen, schälen, 3 cm groß würfeln und 10 Sek. / Stufe 6 hacken. Mit 30 g Asia-Suppenwürze, übriger Kokosmilch und 100 g Wasser 20 Min. / 100° / Stufe 2 kochen. Suppe 30 Sek. / Stufe 4–8 stufenweise ansteigend pürieren. Mit Curry-Coco-Cream toppen.

Zubereitung: 10 Min. + 20 Min. Garen
Pro Portion ca. 430 kcal, 8 g E, 38 g F, 12 g KH

RINDERSUPPE PHO-STYLE

FÜR 2 PERSONEN

700 g Wasser mit 30 g Asia-Suppenwürze, 1 Sternanis und 1 Zimtstange im Mixtopf 20 Min. / Stufe 1 kochen. 150 g Rinderfilet quer in hauchdünne Streifen schneiden. 50 g Baby-Blattspinat verlesen und waschen. 40 g Sprossen abbrausen. 2 Frühlingszwiebeln putzen, waschen, fein schneiden und mit Spinat und Sprossen auf zwei Schüsseln verteilen. Fleisch in der Brühe 2 Min. / 90° / Linkslauf / Sanftrührstufe ziehen lassen, mit der Brühe auf die Schüsseln verteilen.

Zubereitung: 25 Min.
Pro Portion ca. 115 kcal, 18 g E, 3 g F, 3 g KH

SÜSSSAURE ASIA-SUPPE

FÜR 2 PERSONEN

1 geviertelte rote Paprika im Mixtopf 4 Sek. / Stufe 4 zerkleinern, nach unten schieben. Mit 20 g Rapsöl (2 EL), 10 g Tomatenmark , ½ TL Sambal Oelek und 30 g Asia-Suppenwürze 3 Min. / 120° / Stufe 2 andünsten. 150 g Ananassaft, 450 g Wasser und 10 g Aceto balsamico bianco dazugeben. Alles 10 Min. / 100° / Stufe 1 kochen. 100 g Tofu würfeln, mit 150 g kleinen Kräuterseitlingen 2 Min. / 100° / Linkslauf / Sanftrührstufe miterhitzen. Suppe auf zwei Teller verteilen.

Zubereitung: 10 Min. + 10 Min. Garen
Pro Portion ca. 235 kcal, 10 g E, 14 g F, 17 g KH

Heiße Suppen mit den Aromen Asiens wärmen Körper und Seele und sorgen für geschmackliche Glücksmomente trotz weniger Kohlenhydrate. Für den Transport ins Büro eignen sich am besten Thermobecher oder Henkelmann.

Orientalische LINSENSUPPE mit Möhren

FÜR 4 PERSONEN

10 g Ingwer | 3 Frühlingszwiebeln (ca. 90 g) | 15 g Kokosöl (1 ½ EL) | 15 g Butter | 400 g Möhren | 300 g Knollensellerie | 60 g rote Linsen | 800 g Gemüsebrühe | ½ TL gemahlener Kreuzkümmel | ½ TL gemahlene Kurkuma | Salz | 30 g heller Sesam

Zubereitung: 25 Min.

Pro Portion ca. 200 kcal, 7 g E, 11 g F, 15 g KH

1 Den Ingwer schälen und halbieren. Die Frühlingszwiebeln putzen und waschen. 2 Frühlingszwiebeln in 3 cm große Stücke schneiden und mit dem Ingwer im Mixtopf 3 Sek. / Stufe 5 zerkleinern. Mit dem Spatel am Topfrand nach unten schieben. Kokosol und Butter dazugeben und alles 3 Min. / 120° / Stufe 1 dünsten.

2 Die Möhren und den Sellerie schälen, in 3 cm große Stücke schneiden und im Mixtopf 5 Sek. / Stufe 5 zerkleinern. Die Linsen dazugeben, Brühe dazugießen und Kreuzkümmel, Kurkuma und ½ TL Salz dazugeben, alles 16 Min. / 100° / Stufe 1 kochen.

3 Inzwischen die übrige Frühlingszwiebel in feine Ringe schneiden und mit dem Sesam mischen. Die Linsensuppe 30 Sek. / Stufe 8 pürieren und mit dem Sesam-Topping anrichten. Zum Mitnehmen beides separat in dicht schließende Boxen verpacken.

Lauch-
CREMESUPPE
mit Birnen

FÜR 4 PERSONEN

350 g Lauch | 15 g Rapsöl (1 ½ EL) | 2 Birnen (ca. 400 g) | 1 Dose weiße Bohnen (400 g) | 2 Zweige Thymian | 800 g Gemüsebrühe | Salz | Pfeffer | 50 g Kürbiskerne | 2 EL Kürbiskernöl

Zubereitung: 20 Min.

Pro Portion ca. 230 kcal, 7 g E, 15 g F, 15 g KH

1 Den Lauch putzen, gründlich waschen und in 3 cm große Stücke schneiden. In den Mixtopf geben und 5 Sek. / Stufe 5 zerkleinern, dann das Öl dazugeben und den Lauch 4 Min. / 120° / Stufe 2 dünsten.

2 Inzwischen die Birnen schälen, vierteln und entkernen. 1 Birnenviertel beiseitelegen, die restlichen grob schneiden. Bohnen abgießen und abtropfen lassen. Den Thymian waschen und trocken schütteln, die Blättchen abzupfen. Die Hälfte der Blättchen mit Birnen, Bohnen, Brühe, Salz und Pfeffer in den Mixtopf geben und 15 Min. / 100° / Stufe 2 kochen.

3 Die Kürbiskerne und das beiseitegelegte Birnenstück grob hacken und mit dem restlichen Thymian in einer Schüssel mischen. Die fertige Suppe 30 Sek. / Stufe 8 pürieren und mit Kürbiskernöl und dem Kürbiskern-Topping anrichten. Zum Mitnehmen Suppe und Topping separat in dicht schließende Boxen packen.

INFO

Besonders aromatisches Kürbiskernöl stammt aus der Steiermark und wird aus den gerösteten Kernen des dort heimischen Gartenkürbisses hergestellt.

Gurken-Radieschen-SUPPE mit Krabben

FÜR 4 PERSONEN

1 Zwiebel (ca. 80 g) | 1 Stück Bio-Zitronenschale | 15 g Rapsöl (1 ½ EL) | 1 Salatgurke (ca. 400 g) | ½ Bund Radieschen (mit Blättern) | 2 Essiggurken | 600 g Gemüsebrühe | ½ Bund Dill | 80 g Schmand | Salz | Pfeffer | 100 g Nordseekrabben

Zubereitung: 15 Min. + 15 Min. Kochen

Pro Portion ca. 130 kcal, 7 g E, 9 g F, 4 g KH

1 Die Zwiebel schälen, halbieren, mit der Zitronenschale durch die Messbecheröffnung auf das laufende Messer 3 Sek. / Stufe 8 fallen lassen und zerkleinern. Alles mit dem Spatel am Topfrand nach unten schieben und mit dem Öl 3 Min. / 120° / Stufe 1 dünsten.

2 Die Gurke waschen. Die Radieschen putzen und waschen. Die Hälfte der Radieschenblätter waschen und beiseitelegen. 1 Radieschen in Scheiben schneiden, die übrigen mit Gurke und Essiggurken in 3 cm große Stücke schneiden, in den Mixtopf geben und 3 Sek. / Stufe 5 zerkleinern. Die Brühe dazugießen und alles 15 Min. / 100° / Stufe 2 kochen.

3 Dill waschen und trocken schütteln. Dillspitzen abzupfen und bis auf einen Rest nach Ende der Kochzeit mit 50 g Schmand und den beiseitegelegten Radieschenblättern zur Suppe geben. Alles salzen, pfeffern und 20 Sek. / Stufe 8 pürieren. Die Suppe mit übrigem Schmand und den Krabben anrichten und mit restlichem Dill und Radieschenscheiben garniert servieren. Zum Mitnehmen Suppe, Krabben und Schmand-Topping separat in dicht schließende Boxen füllen.

3 Radieschen in Stifte schneiden und mit ein paar Kresseblättchen über die Suppe streuen.

Sahnige KRÄUTERSUPPE

FÜR 4 PERSONEN

30 g Parmesan | 1 Zwiebel (ca. 80 g) | 10 g Butter (1 EL) | 250 g Kartoffeln | 1000 g Gemüsebrühe | 2 Bund gemischte Kräuter nach Belieben | 30 g Sahne | frisch geriebene Muskatnuss | Salz | Pfeffer

Zubereitung: 30 Min.

Pro Portion ca. 120 kcal, 5 g E, 7 g F, 7 g KH

1 Den Parmesan in grobe Stücke schneiden und im Mixtopf 6 Sek. / Stufe 10 zerkleinern, dann umfüllen.

2 Die Zwiebel schälen, halbieren und im Mixtopf 3 Sek. / Stufe 5 hacken. Mit dem Spatel am Topfrand nach unten schieben, Butter dazugeben und die gehackte Zwiebel 3 Min. / 120° / Stufe 1 dünsten. Die Kartoffeln schälen, in 3 cm große Stücke schneiden und im Mixtopf 5 Sek. / Stufe 5 stückig hacken. Die Brühe angießen und die Suppe 15 Min. / 100° / Stufe 2 kochen.

3 Inzwischen die Kräuter waschen und trocken schütteln. Die Kräuter ohne die groben Stiele grob schneiden. Nach Ende der Suppenkochzeit zusammen mit Parmesan, Sahne, 1 Prise Muskat, Salz und Pfeffer in den Mixtopf geben. Alles 20 Sek. / Stufe 10 pürieren, dann heiß servieren. Zum Mitnehmen die Suppe in einen Thermobehälter füllen oder in eine Schüssel mit dicht schließendem Deckel und dann kurz vorm Verzehr aufwärmen, z. B. in der Mikrowelle.

Für eiskalten
Genuss 4 große
Eiswürfel mitmixen!

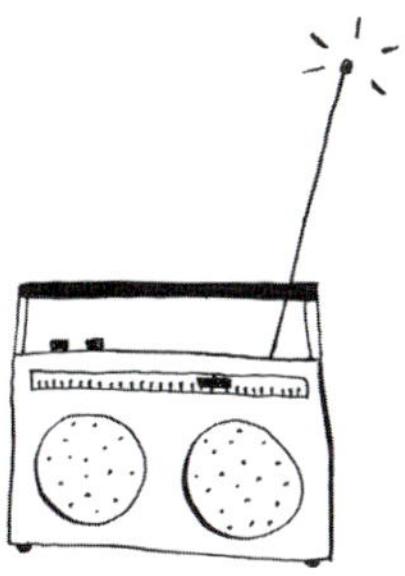

Roter GAZPACHO mit Cantaloupe-Melone

FÜR 2 PERSONEN

1 EL Pinienkerne
1 rote Spitzpaprika (ca. 125 g)
1 Stange Staudensellerie
1 kleine rote Zwiebel (ca. 60 g)
1 Knoblauchzehe
½ rote Chilischote
200 g Cantaloupe-Melone
200 g Tomaten
5 g Gemüsebrühe (Instant)
Salz
Pfeffer
½ TL rosenscharfes Paprikapulver
10 g Sherry-Essig (1 EL)
10 g Limettensaft (1 EL)
20 g Olivenöl (2 EL)
4 Stängel Koriandergrün

Zubereitung: 20 Min.
Pro Portion ca. 205 kcal, 4 g E, 15 g F, 13 g KH

1 Die Pinienkerne in einer Pfanne ohne Fett anrösten, kurz abkühlen lassen und im Mixtopf 3 Sek. / Stufe 4 grob hacken. Umfüllen.

2 Die Spitzpaprikaschoten halbieren, weiße Trennwände und Kerne entfernen, die Hälften waschen. Die Selleriestange putzen und waschen. Von beiden Gemüsen jeweils ca. 30 g fein würfeln und beiseitestellen, den Rest grob schneiden.

3 Zwiebel und Knoblauch schälen und halbieren. Die Chilihälfte entkernen, waschen und dritteln. Die Melone entkernen, schälen und in ca. 2 cm große Würfel schneiden. Die Tomaten waschen und ohne die Stielansätze in grobe Würfel schneiden.

4 Die grob geschnittenen Paprika- und Selleriestücke mit Zwiebel, Knoblauch, Chili, Melone und Tomaten in den Mixtopf geben und 10 Sek. / Stufe 5 pürieren. Mit dem Spatel nach unten schieben.

5 200 g kaltes Wasser, Instant-Brühe, ½ TL Salz, ¼ TL Pfeffer, Paprikapulver, Essig, Limettensaft und Öl dazugeben und alles 30 Sek. / Stufe 10 sehr fein pürieren. Die Suppe abschmecken.

6 Das Koriandergrün waschen und trocken schütteln, die Blätter abzupfen. Zum Servieren die kalte Suppe mit Gemüsewürfeln, Pinienkernen und Koriandergrün bestreut anrichten. Zum Mitnehmen Gazpacho in einen Thermosbehälter oder ein Frischhaltegefäß füllen und gut verschließen. Gewürfeltes Gemüse, Koriandergrün und Pinienkernen in einer kleinen Frischhaltebox extra verpacken.

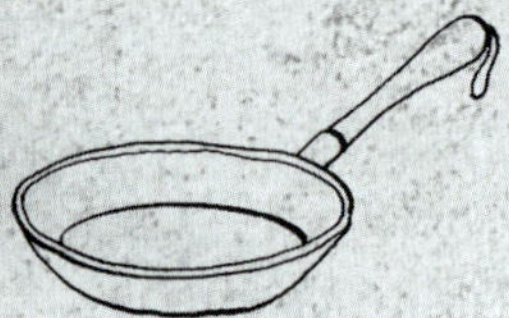

Grundrezept

BUCHWEIZENWRAPS

mit Wunschfüllung

Für 4 Stück 100 g Buchweizenmehl, 60 g Dinkelmehl (Type 1050), 1 TL Salz, 5 g Backpulver (1 TL), 20 g Rapsöl (2 EL) und 280 g Wasser im Mixtopf 5 Min. / Teigstufe verkneten. Teig nach unten schieben, im Topf abgedeckt 15 Min. ruhen lassen, dann umfüllen und nochmals durchrühren. 1 TL Rapsöl in einer beschichteten Pfanne (∅ 24 cm) erhitzen. Pro Wrap 1 große Schöpfkelle Teig (ca. 100 ml) hineingießen und durch Schwenken verteilen. Sobald er nach 2–3 Min. stockt und auf der Unterseite leicht gebräunt ist, Wrap umdrehen und auf der zweiten Seite ebenfalls goldbraun braten. Auf diese Art noch vier Wraps backen. Die Wraps lauwarm füllen oder mit Folie abgedeckt abkühlen lassen.

Brotzeit von der Rolle

1

1 kleine Handvoll Petersilie mit 30 g Walnusskernen 5 Sek. / Stufe 7 hacken. Umfüllen. 250 g Rotkohl und 70 g Möhre putzen oder schälen, grob schneiden und im Mixtopf 5 Sek. / Stufe 5 hacken. Nach unten schieben. 30 g Soft-Cranberrys und 20 g Olivenöl dazugeben. Alles 3 Min. / 100° / Linkslauf / Stufe 1 dünsten. Den Petersilien-Mix, 1 EL Aceto balsamico, ½ TL Salz und ¼ TL Pfeffer hinzufügen. Alles 3 Sek. / Stufe 4 vermischen. Die Rotkohl-Mischung auf vier Wraps verteilen, die Wraps aufrollen.

2

100 g Radieschen putzen, waschen, halbieren und mit 30 g Sonnenblumenkernen im Mixtopf 2 Sek. / Stufe 5 hacken. Mit dem Spatel nach unten schieben. 2 EL Schnittlauchröllchen mit 200 g körnigem Frischkäse, 100 g Schmand, ½ TL Salz und ¼ TL Pfeffer im Mixtopf 10 Sek. / Linkslauf / Stufe 2 verrühren. 2 hart gekochte Eier (M) pellen, würfeln und 2 Sek. / Linkslauf / Stufe 2 unterrühren. Vier Wraps mit je 1 Salatblatt belegen, mit der Creme bestreichen und aufrollen.

3

140 g Thunfisch (naturell; Dose) in den Mixtopf geben und mit 100 g Frischkäse, 10 g Dijon-Senf (2 TL), 5 g Zitronensaft (½ EL) sowie je 1 Msp. Salz und Pfeffer 15 Sek. / Stufe 2 / Linkslauf verrühren, zwischendurch mit dem Spatel nach unten schieben. Vier Wraps mit der Thunfischcreme bestreichen. 30 g Baby-Blattspinat und 125 g halbierte Kirschtomaten darauf verteilen, die Wraps aufrollen.

4

½ Bund Koriandergrün waschen und trocken schütteln. Blätter abzupfen und mit 150 g zerzupften, geräuchertem Putenbrust-Aufschnitt sowie 50 g gerösteten Erdnüssen 5 Sek. / Stufe 8 hacken. Nach unten schieben. 100 g griechischen Joghurt, 15 g Sojasauce, ½ TL Sambal Oelek dazugeben und 6 Sek. / Stufe 4 verrühren. Vier Wraps mit der Creme bestreichen, mit je 40 g gelben Paprika- und Eisbergsalatstreifen belegen und aufrollen.

Füllungen reichen für jeweils 4 Wraps.

Rote-Bete-FALAFEL mit Tahin-Sauce und Spinat

FÜR 2 PERSONEN

Für die Tahin-Sauce:

1 Knoblauchzehe
50 g Tahin (Sesampaste)
10 g Limettensaft (1 EL)
5 g helle Misopaste (1 TL)
Salz
Pfeffer
100 g Sojaghurt

Für Falafel und Spinat:

100 g Kichererbsen (aus der Dose)
1 kleine rote Zwiebel (ca. 60 g)
1 Knoblauchzehe
½ kleine Rote Bete (ca. 100 g)
40 g Cashewkerne
1 Ei (M)
30 g Kichererbsenmehl
1 TL gemahlener Kreuzkümmel
Salz
Pfeffer
2 ½ EL Olivenöl
500 g Baby-Blattspinat

Zubereitung: 1 Std. 10 Min.
Pro Portion ca. 584 kcal,
26 g E, 41 g F, 25 g KH

1 Für die Tahin-Sauce Knoblauch schälen, halbieren, in den Mixtopf geben und 3 Sek. / Stufe 5 zerkleinern. Tahin, Limettensaft, Misopaste, ¼ TL Salz, 1 Prise Pfeffer und den Sojaghurt dazugeben. Alles 10 Sek. / Stufe 4 vermischen. Sauce umfüllen. Mixtopf spülen.

2 Für die Falafel die Kichererbsen in ein Sieb abgießen, abbrausen und gut abtropfen lassen. Zwiebel und Knoblauch schälen und halbieren. Rote Bete putzen, schälen und ca. 2 cm groß würfeln. Kichererbsen, Zwiebel, Knoblauch und Rote Bete mit Cashewkernen in den Mixtopf geben und 10 Sek. / Stufe 4–8 stufenweise ansteigend zerkleinern. Mit dem Spatel am Topfrand nach unten schieben. Ei, Kichererbsenmehl, Kreuzkümmel, ½ TL Salz und ¼ TL Pfeffer hinzufügen und alles 10 Sek. / Linkslauf / Stufe 4 vermischen.

3 Varoma-Behälter mit ½ EL Olivenöl einpinseln. Aus der Kichererbsenmasse mit einem kleinen Eisportionierer oder mit feuchten Händen 8–10 Klößchen formen und in den Varoma legen. Varoma verschließen. 500 g Wasser und 5 g Salz in den Mixtopf einwiegen, 5 Min. / 120° / Stufe 1 erhitzen. Mixtopf verschließen. Varoma-Behälter aufsetzen, die Klößchen 25 Min. / Varoma / Stufe 1 garen.

4 Inzwischen den Spinat verlesen, waschen und gut abtropfen lassen. Das restliche Öl (2 EL) in einem breiten Topf erhitzen. Spinat darin in 3–4 Min. bei mittlerer Hitze unter Rühren zusammenfallen lassen, dann in einem Sieb abtropfen lassen, mit einem Löffel ausdrücken und kräftig mit Salz und Pfeffer würzen. Falafel mit Spinat und Tahin-Sauce servieren. Zum Mitnehmen Spinat und Falafel in eine Frischhaltebox packen und verschließen. Die Tahin-Sauce separat in einer kleinen Box transportieren.

Knusprige POLENTA-STICKS mit Brokkoli

FÜR 2 PERSONEN

Für die Polenta-Sticks:

20 g Parmesan
1 Schalotte (ca. 40 g)
1 Knoblauchzehe
20 g Olivenöl (2 EL)
200 g Gemüsebrühe
50 g Sahne
60 g Polenta
5 g Butter (½ EL)
Salz
Pfeffer

Für Brokkoli und Dressing:

500 g Brokkoli
Salz
½ Bund Petersilie
20 g weißer Aceto balsamico
20 g Olivenöl (2 EL)
Pfeffer
125 g Büffel-Mozzarella

Zubereitung: 45 Min. + 3 Std. Kühlen
Pro Portion ca. 705 kcal, 27 g E, 53 g F, 29 g KH

1 Für die Polenta-Sticks den Parmesan in ca. 2 cm große Stücke schneiden und im Mixtopf 4 Sek. / Stufe 10 hacken, umfüllen. Schalotte und Knoblauch schälen, halbieren und im Mixtopf 10 Sek. / Stufe 5 hacken. Nach unten schieben und mit 10 g Olivenöl (1 EL) 4 Min. / 100° / Stufe 1 dünsten. Brühe, Sahne und Polenta dazugeben. Alles 10 Min. / 100° / Linkslauf / Sanftrührstufe garen.

2 Dann Butter, Parmesan, ½ TL Salz und ¼ TL Pfeffer zur Polenta geben und 8 Sek. / Stufe 4 unterrühren. Masse in eine eckige Form (ca. 15 × 15 cm) füllen und ca. 3 Std. kalt stellen.

3 Brokkoli putzen, waschen und in Röschen teilen, Stiele schälen und ca. 1 cm groß würfeln. Brokkoli in den Varoma-Behälter geben. 500 g Wasser und 10 g Salz in den Mixtopf füllen, Mixtopf verschließen. Varoma aufsetzen und verschließen. Brokkoli 15 Min. / Varoma / Stufe 1 dampfgaren, umfüllen. Mixtopf leeren und kalt spülen.

4 Petersilie waschen und trocken schütteln, Blätter abzupfen und im Mixtopf 3 Sek. / Stufe 8 hacken. Essig, 20 g Olivenöl (2 EL), ½ TL Salz und ¼ TL Pfeffer dazugeben und alles 5 Sek. / Stufe 4 mischen. Brokkoli damit mischen und abgedeckt ziehen lassen.

5 Polenta in ca. 2 × 8 cm große Sticks schneiden und im übrigen Öl (1 EL) in einer großen beschichteten Pfanne bei mittlerer Hitze in ca. 5 Min. rundum goldbraun braten. Zum Servieren Mozzarella in Stücke zupfen und mit Polenta-Sticks und Brokkoli anrichten. Zum Mitnehmen Sticks, Brokkoli und Mozzarella separat verpacken.

OIL

Entspanntes

DINNER

Low Carb am Abend

Kürbis-PANCAKES mit Meerrettich-Birnen-Dip

FÜR 2 PERSONEN

Für die Pancakes:
50 g Kürbiskerne
200 g Kürbis
2 Eier (M)
30 g Dinkelmehl (Type 1050)
150 g Joghurt
Salz
Pfeffer
frisch geriebene Muskatnuss
20 g Rapsöl (2 EL)

Für den Meerrettichdip:
25 g Meerrettichwurzel
½ reife Birne (ca. 100 g)
10 g Zitronensaft (1 EL)
100 g Doppelrahmfrischkäse
Salz
Pfeffer

Zubereitung: 30 Min.
Pro Portion ca. 735 kcal, 23 g E, 54 g F, 39 g KH

1 Für die Pancakes den Rühraufsatz aufsetzen. Kürbiskerne im Mixtopf 4 Min. / 100° / Stufe 2 rösten. Rühraufsatz herausnehmen. Kürbiskerne 3 Sek. / Stufe 5 hacken, umfüllen. Kürbis schälen, entkernen und ca. 3 cm groß würfeln. In den Mixtopf geben und 4 Sek. / Stufe 6 hacken, dann umfüllen.

2 Eier, Mehl und Joghurt mit je 1 Prise Salz, Pfeffer und Muskat in den Mixtopf geben und 5 Sek. / Stufe 5 mixen. Kürbisraspel und Kürbiskerne mit dem Spatel untermischen. Den Teig in eine Schüssel umfüllen und ca. 10 Min. ruhen lassen.

3 Inzwischen den Mixtopf spülen und abtrocknen. Für den Dip den Meerrettich schälen und ca. 2 cm groß würfeln. Meerrettich in den Mixtopf geben. Die Birnenhälfte vierteln, schälen, entkernen und mit dem Zitronensaft dazugeben. Alles 5 Sek. / Stufe 8 zerkleinern, dann mit dem Spatel am Topfrand nach unten schieben. Den Frischkäse, 1 Prise Salz und etwas Pfeffer dazugeben und 6 Sek. / Stufe 3 untermischen. Den Dip umfüllen.

4 Den Backofen auf 80° vorheizen. In einer großen beschichteten Pfanne 1 EL Rapsöl erhitzen. Pro Pancake 2 EL Kürbismasse hineingeben, etwas flach drücken und in ca. 3 Min. pro Seite bei mittlerer Hitze goldbraun braten, dabei einmal wenden. Fertige Pancakes auf Küchenpapier abtropfen lassen und im heißen Ofen warm halten. Auf diese Weise zwölf Pancakes backen. Die Pancakes mit dem Meerrettich-Birnen-Dip servieren. Dazu passt ein Salat.

Mit buntem Blattsalat à
la Saison jederzeit ein
Low-Carb-Highlight!

Auberginen-CURRY mit Lupine

FÜR 2 PERSONEN

1 Zwiebel (ca. 80 g) | 1 Knoblauchzehe | 30 g Ingwer | 15 g Butterschmalz | 2 Möhren (ca. 160 g) | 1 Aubergine (ca. 300 g) | 400 g Tomaten | 10 g rote Currypaste (2 TL) | 200 g Lupinenfilet | 1 Dose Kichererbsen (250 g Abtropfgewicht) | 5 g Gemüsebrühe (Instant) | Salz | Pfeffer | 1 EL Limettensaft | 2 EL Röstzwiebeln

Zubereitung: 40 Min.

Pro Portion ca. 565 kcal, 36 g E, 28 g F, 40 g KH

1 Zwiebel, Knoblauch und Ingwer schälen, grob schneiden und im Mixtopf 3 Sek. / Stufe 5 hacken. Mit dem Spatel am Topfrand nach unten schieben, dann mit dem Butterschmalz 3 Min. / 120° / Stufe 1 dünsten.

2 Die Möhren schälen, in ca. 3 cm große Stücke schneiden und im Mixtopf 3 Sek. / Stufe 5 hacken. Die Aubergine waschen, putzen und ca. 3 cm groß schneiden. Zu den Möhren geben und 2 Sek. / Stufe 5 hacken. Mit dem Spatel am Topfrand nach unten schieben.

3 Von den Tomaten den Stielansatz herausschneiden. Tomaten überbrühen, abschrecken, häuten, dann grob würfeln. Mit der Currypaste in den Mixtopf füllen und alles 5 Min. / 120° / Linkslauf / Sanftrührstufe dünsten.

4 Das Lupinenfilet 1 ½ cm groß würfeln. Kichererbsen in ein Sieb abgießen, abbrausen und abtropfen lassen. Lupinenfilet und Kichererbsen mit Instant-Brühe und 200 g Wasser mit in den Mixtopf geben. Das Curry 10 Min. / 120° / Linkslauf / Sanftrührstufe weitergaren. Mit ½ TL Salz, ¼ TL Pfeffer und Limettensaft würzen und mit Röstzwiebeln bestreut servieren.

Gelbe Linsen sind geschält und garen in Rekordzeit.

LINSEN-DAL
mit Spinat

FÜR 2 PERSONEN

1 Zwiebel (ca. 80 g) | 1 Knoblauchzehe | 20 g Ingwer | ½ rote Chilischote | 30 g Kokosöl (3 EL) | 2 TL Garam Masala (indische Gewürzmischung) | ½ TL gemahlene Kurkuma | 400 g Brokkoli | 80 g gelbe Linsen | 5 g Gemüsebrühe (Instant) | 125 g Baby-Blattspinat | ½ Bund Koriandergrün | 1 EL Kokos-Chips | Salz | Pfeffer | 1 EL Zitronensaft

Zubereitung: 30 Min. + 15 Min. Garen
Pro Portion ca. 370 kcal, 18 g E, 21 g F, 27 g KH

1 Zwiebel, Knoblauch und Ingwer schälen und grob schneiden. Chilihälfte entkernen, waschen und dritteln. Alles im Mixtopf 5 Sek. / Stufe 5 hacken. Mit einem Spatel nach unten schieben, dann mit Kokosöl 3 Min. / 120° / Stufe 1 dünsten. Garam Masala und Kurkuma dazugeben, 1 Min. / 120° / Stufe 1 mitdünsten.

2 Brokkoli putzen, waschen und in Röschen teilen. Stiele schälen und klein würfeln. Linsen in einem Sieb kalt abbrausen und mit Brokkoli, Instant-Brühe und 200 g Wasser zur Zwiebelmischung geben. Alles 15 Min. / 100° / Linkslauf / Stufe 1 garen.

3 Den Blattspinat verlesen, waschen und gut abtropfen lassen. In den Mixtopf geben und alles noch 5 Min. / 100° / Linkslauf / Sanftrührstufe weiterrühren.

4 Das Koriandergrün waschen und trocken schütteln. Blätter abzupfen und grob hacken. Kokos-Chips in einer Pfanne ohne Fett goldbraun rösten. Das Dal mit Salz, Pfeffer und Zitronensaft abschmecken und mit Koriandergrün und Kokos-Chips bestreut servieren.

Gemüse-BUCHWEIZEN mit Schinken und Ei

FÜR 2 PERSONEN

70 g Buchweizen
2 Eier (M)
1 rote Zwiebel (ca. 80 g)
125 g Möhren
1 kleiner Kohlrabi (ca. 200 g)
20 g Olivenöl (2 EL)
30 g Sonnenblumenkerne
5 g Gemüsebrühe (Instant)
1 kleine rote Paprika (ca. 170 g)
100 g TK-Erbsen
Salz
Pfeffer
100 g Parmaschinken (in dünnen Scheiben)
4 Stängel Basilikum

Zubereitung: 45 Min.
Pro Portion ca. 525 kcal, 32 g E, 28 g F, 38 g KH

1 Den Buchweizen im Mixtopf 3 Sek. / Stufe 5 schroten, umfüllen. 500 g Wasser in den Mixtopf füllen. Die Eier in den Gareinsatz legen, diesen im Mixtopf einhängen. Den Mixtopf verschließen und die Eier in 12 Min. / Varoma / Stufe 1 hart kochen. Die gekochten Eier mit dem Gareinsatz aus dem Mixtopf heben und kalt abschrecken. Den Mixtopf leeren und abtrocknen.

2 Zwiebel, Möhren und Kohlrabi schälen, ca. 3 cm groß würfeln und im Mixtopf 8 Sek. / Stufe 4 zerkleinern. Mit dem Spatel nach unten schieben, das Öl hinzufügen und Gemüse 4 Min. / 120° / Stufe 1 dünsten. Buchweizen und Sonnenblumenkerne hinzufügen und 3 Min. / 100° / Linkslauf / Sanftrührstufe weiterdünsten.

3 250 g Wasser und Instant-Brühe hinzufügen. Paprika halbieren, weiße Trennwände und Kerne entfernen, die Hälften waschen und ca. 1 cm groß würfeln, mit den Erbsen, ½ TL Salz und ¼ TL Pfeffer in den Mixtopf geben und 15 Min. / 100° / Linkslauf / Sanftrührstufe garen. Dabei den Deckel nicht auflegen.

4 Buchweizen mit Salz und Pfeffer abschmecken. Die Eier pellen, längs halbieren und mit dem Gemüse-Buchweizen und dem Schinken anrichten. Das Basilikum waschen und trocken schütteln. Die Blätter abzupfen und über den Buchweizen streuen.

Tomaten-EINTOPF mit Chorizo

FÜR 4 PERSONEN

½ Bund Petersilie | 1 Zwiebel (ca. 80 g) | 1 Knoblauchzehe | 20 g Rapsöl (2 EL) | 300 g Tomaten | 1 dünne Stange Lauch (ca. 200 g) | 300 g Wirsing | 20 g Tomatenmark | 700 g Gemüsebrühe | 1 Dose Cannellini-Bohnen (265 g Abtropfgewicht) | 200 g Chorizo am Stück | Salz | Pfeffer

Zubereitung: 30 Min.

Pro Portion ca. 320 kcal, 17 g E, 22 g F, 12 g KH

1 Petersilie waschen und trocken schütteln, die Blätter abzupfen. Zwiebel und Knoblauch schälen, halbieren und mit der Petersilie im Mixtopf 7 Sek. / Stufe 5 hacken. Mit dem Spatel nach unten schieben, das Öl dazugeben und alles 3 Min. / 120° / Stufe 1 dünsten.

2 Die Tomaten waschen, vierteln, die Stielansätze entfernen. Lauch putzen, gründlich waschen und in ca. 3 cm große Stücke schneiden. Wirsing putzen, waschen und grob schneiden. Nach Ende der Garzeit Tomaten, Lauch und Wirsing in den Mixtopf geben und 10 Sek. / Stufe 5 zerkleinern. Tomatenmark und Brühe hinzufügen und alles 13 Min. / 100° / Stufe 2 garen.

3 Inzwischen die Bohnen abtropfen lassen. Chorizo in Scheibchen schneiden. Beides in den Mixtopf geben. Die Suppe weitere 5 Min. / 100° / Linkslauf / Stufe 2 garen und mit Salz und Pfeffer abschmecken.

AUSTAUSCH-TIPP

Statt Cannellini-Bohnen passen hier auch sehr gut Kichererbsen oder weiße Bohnen aus der Dose.

WACHS-EIER
auf Gemüsepüree

FÜR 4 PERSONEN

40 g Parmesan | 4 Eier (M) | 200 g Kartoffeln | 600 g Knollensellerie | 100 g frisch gepalte Erbsen (ersatzweise TK) | 2 Zucchini (ca. 600 g) | 5 g Gemüsebrühe (Instant) | Salz | 150 g Milch | 20 g Butter | Pfeffer | 2 EL Pesto (nach Belieben)

Zubereitung: 10 Min. + 25 Min. Garen
Pro Portion ca. 260 kcal, 17 g E, 15 g F, 14 g KH

1 Den Parmesan im Mixtopf 10 Sek. / Stufe 10 fein reiben, umfüllen. Die Eier in den Gareinsatz geben. Das Gemüse putzen, schälen bzw. waschen und in mundgerechten Stücken in den Varoma-Behälter einschichten, von unten nach oben zuerst die Kartoffeln, darauf Sellerie, Erbsen und Zucchini.

2 Instant-Brühe und 400 g Wasser in den Mixtopf einwiegen, Salz dazugeben, Mixtopf verschließen. Varoma aufsetzen und verschließen. Alles 12 Min. / Varoma / Stufe 1 garen. Dann den Gareinsatz einhängen und alles weitere 13 Min. / Varoma / Stufe 1 garen. Varoma abnehmen und beiseitestellen. Gekochte Eier mit dem Gareinsatz aus dem Mixtopf heben und kalt abschrecken. Garflüssigkeit umfüllen.

3 Die Milch mit der Hälfte der Garflüssigkeit in den Mixtopf geben und 1 Min. / 100° / Stufe 1 erwärmen. Das Gemüse aus dem Varoma mit Parmesan, Butter, Salz und Pfeffer dazugeben und 1 Min. / Stufe 3 pürieren.Zum Servieren das Püree auf vier Teller verteilen. Die Eier pellen, vierteln und auf dem Püree anrichten. Alles nach Belieben mit Pesto beträufeln.

Für einen Farbtupfer noch ein paar gewürfelte Cocktailtomaten aufstreuen.

Zucchini-Spaghetti mit Avocado und Feta

FÜR 2 PERSONEN

2 kleine Zucchini (ca. 400 g)
Salz
3 EL Pinienkerne
½ Bio-Zitrone
1 Avocado (ca. 160 g)
100 g Schafskäse (Feta)
4 EL Olivenöl
Pfeffer

Zubereitung: 25 Min.
Pro Portion ca. 730 kcal,
16 g E, 70 g F, 9 g KH

1 Die Zucchini putzen, waschen und mit dem Spiralschneider (oder einem Messer) in spaghettidünne Streifen schneiden. Die Zucchini im Varoma-Behälter verteilen. Varoma verschließen.

2 500 g Wasser und 1 TL Salz in den Mixtopf füllen. Den Mixtopf verschließen. Den Varoma-Behälter aufsetzen und die Zucchini-Spaghetti 10 Min. / Varoma / Stufe 1 garen.

3 Inzwischen die Pinienkerne in einer Pfanne ohne Fett bei mittlerer Hitze rösten, bis sie anfangen zu duften. Die Zitronenhälfte waschen und abtrocknen, die Schale abreiben und den Saft auspressen.

4 Die Avocado halbieren, den Stein entfernen, das Fruchtfleisch mit einem Löffel aus der Schale heben und in ca. ½ cm große Würfelchen schneiden. Die Würfel in einer großen Schüssel mit 1 TL Zitronensaft beträufeln. Den Feta mit einer Gabel zerkrümeln. Avocadowürfelchen mit abgeriebener Zitronenschale, Olivenöl, ½ TL Salz und 2 Prisen Pfeffer in eine beschichtete Pfanne geben und bei kleiner bis mittlerer Hitze sanft erwärmen.

5 Die gegarten Zucchini-Spaghetti aus dem Varoma zur Avocadomischung in die Pfanne geben und untermischen. Die Gemüsepasta vom Herd nehmen, den Feta unterheben. Gemüsepasta nochmals mit Salz und Pfeffer abschmecken und auf zwei Tellern anrichten, dann mit den Pinienkernen bestreuen und servieren.

Mairübchen-RÖSTI mit Apfel-Dip

FÜR 2 PERSONEN

Für die Rösti:
400 g Mairübchen
2 Frühlingszwiebeln (ca. 60 g)
1 Ei (M)
Salz
Pfeffer
50 g Weizenvollkornmehl
5 g Flohsamenschalen
4 EL Rapsöl

Für den Dip:
1 Apfel (ca. 150 g)
200 g griechischer Joghurt
Salz
Pfeffer
½ Beet Kresse

Zubereitung: 30 Min.
Pro Portion ca. 480 kcal,
12 g E, 33 g F, 31 g KH

1 Für die Rösti die Mairübchen putzen, schälen und in ca. 4 cm große Stücke schneiden. Die Frühlingszwiebeln putzen, waschen und in ca. 4 cm lange Stücke schneiden. Mairübchen und Frühlingszwiebeln in den Mixtopf geben und 5 Sek. / Stufe 5 hacken. Mit dem Spatel am Topfrand nach unten schieben.

2 Das Ei, 1 TL Salz, 1 kräftige Prise Pfeffer, Mehl und Flohsamenschalen dazugeben und alles 20 Sek. / Linkslauf / Stufe 3 verrühren. Den Röstiteig in eine Schüssel umfüllen und 5 Min. ruhen lassen.

3 Inzwischen den Mixtopf spülen. Für den Apfel-Dip den Apfel waschen, vierteln, entkernen und im Mixtopf 3 Sek. / Stufe 5 hacken. Die Apfelstücke mit dem Spatel am Topfrand nach unten schieben. Den Joghurt, 1 kräftige Prise Salz und 1 Prise Pfeffer dazugeben. Die Kresse vom Beet in den Mixtopf schneiden und die Dip-Zutaten 8 Sek. / Linkslauf / Stufe 2 verrühren.

4 2 EL Öl in einer Pfanne erhitzen. 4 gehäufte EL Röstiteig in die Pfanne setzen, jeweils etwas glatt streichen und bei mittlerer Hitze pro Seite in je ca. 2 Min. goldbraun braten. Die Rösti auf Küchenpapier entfetten und warm stellen. Mit dem restlichen Öl und Teig auf die gleiche Weise nochmals vier Rösti backen. Die Rösti mit dem Apfel-Dip auf zwei Tellern anrichten und servieren.

Pilz-HALLOUMI-PÄCKCHEN mit Gemüse

FÜR 2 PERSONEN

1 Zucchino (ca. 200 g)
100 g Kartoffeln
30 g Pesto rosso
200 g Austernpilze
250 g Halloumi
100 g Datteltomaten
2 Stängel Basilikum
Pfeffer

Zubereitung: 30 Min.
Pro Portion ca. 530 kcal,
34 g E, 39 g F, 13 g KH

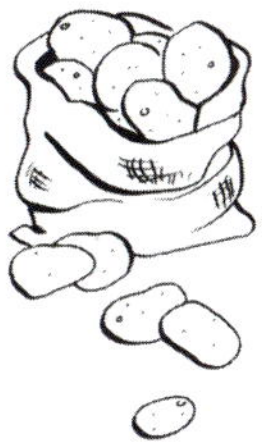

1 Den Zucchino waschen, putzen und in 3 cm große Stücke schneiden. Die Kartoffeln schälen und halbieren. Beides mit dem Pesto in den Mixtopf geben und 2 Sek. / Stufe 5 zerkleinern.

2 Die Pilze putzen. Halloumi in sechs Scheiben schneiden, die Datteltomaten waschen und halbieren. Das Basilikum waschen und trocken schütteln. Die Blätter abzupfen.

3 Zwei ca. 60 cm lange Stücke Alufolie nebeneinander ausbreiten und die Zucchini-Kartoffel-Mischung darauf verteilen. Die Pilze darauflegen, die Halloumischeiben daraufgeben und mit den Tomaten und Basilikumblättern belegen und pfeffern. Die Folie über dem Gemüse zusammenschlagen und verschließen. Die beiden Päckchen in den Varoma-Behälter legen und den Varoma verschließen.

4 500 g Wasser in den Mixtopf einwiegen, den Mixtopf verschließen. Varoma aufsetzen und das verpackte Gemüse 25 Min. / Varoma / Stufe 1 garen. Päckchen aus dem Varoma nehmen (Vorsicht heiß!), auf Teller legen und nach Belieben erst bei Tisch öffnen.

PÄCKCHEN-TIPPS

Diese Idee lässt sich vielfältig abwandeln: Statt Halloumi Feta, Tofu oder Schinkenstreifen einpacken. Auch beim Gemüse darf variiert werden. Wichtig ist nur, dass Gemüsesorten mit langer Garzeit (z. B. Möhren) möglichst klein geschnitten werden. Statt Pesto liefern auch Butterflöckchen und Zitronensaft ebenso wie Olivenöl und eine Mischung aus frischen Kräutern feines Aroma. Und wer keine Alufolie verwenden will, nimmt einfach Backpapier.

Low-Carb-Schiff ahoi!

Gefüllte GEMÜSESCHIFFCHEN mit Ziegenfrischkäse-Sauce

FÜR 2 PERSONEN

1 Zucchino (ca. 250 g)
Salz
2 Spitzpaprika (je ca. 150 g)
2 Knoblauchzehen
4 Stängel Petersilie
250 g gemischtes Hackfleisch
20 g Instant-Couscous
1 TL Harissa (scharfe Würzpaste)
5 g Tomatenmark (1 TL)
1 Ei (M)
150 g Ziegenfrischkäse
Pfeffer

Zubereitung: 25 Min.
+ 30 Min. Garen
Pro Portion ca. 655 kcal,
45 g E, 45 g F, 16 g KH

1 Den Zucchino putzen, waschen, längs halbieren und die Hälften mit einem scharfen Messer so aushöhlen, dass ein ca. 1 cm breiter Rand stehen bleibt. Das herausgelöste Fruchtfleisch beiseitelegen. Die ausgehöhlten Hälften innen leicht salzen. Die Spitzpaprikaschoten längs halbieren, weiße Trennwände und Kerne entfernen, dann die Hälften waschen und trocken tupfen.

2 Für die Füllung den Knoblauch schälen. Petersilie waschen und trocken schütteln. Die Blätter abzupfen und mit Knoblauch und Zucchinifruchtfleisch im Mixtopf 3 Sek. / Stufe 5 hacken. Mit dem Spatel nach unten schieben. Hackfleisch, Couscous, ½ TL Salz, Harissa je nach gewünschter Schärfe, Tomatenmark und das Ei dazugeben und alles 1 Min. / Teigrührstufe vermengen.

3 Die Hackfleischfüllung in die Gemüseschiffchen füllen, diese im Varoma-Behälter und auf dem Einlegeboden verteilen. Mixtopf spülen. 800 g Wasser und 1 ½ TL Salz in den Mixtopf füllen. Mixtopf verschließen. Den Varoma mit dem Einlegeboden aufsetzen und verschließen. Das gefüllte Gemüse 30 Min. / Varoma / Stufe 2 garen. Dann den Varoma abnehmen und auf einen Teller stellen.

4 Garflüssigkeit aus dem Mixtopf in ein Gefäß schütten, 75 g davon in den Mixtopf einwiegen, Frischkäse und etwas Pfeffer dazugeben. Sauce 3 Min. / 100° / Stufe 3 köcheln, dann mit Salz abschmecken.

5 Je zwei Paprika- und ein Zucchinischiffchen auf je einem Teller anrichten, mit der Sauce übergießen und servieren.

Low-Carb-Nudelglück – feurig und fix gezaubert!

Kichererbsen-SPIRELLI mit Arrabiata

FÜR 2 PERSONEN

1 kleine Zwiebel (ca. 60 g) | 2 Knoblauchzehen | 2 getrocknete kleine Chilischoten | 35 g Olivenöl (3 ½ EL) | 1 Dose stückige Tomaten (400 g) | Salz | 1 TL getrockneter Thymian | 130 g Kichererbsen-Spirelli | 2 Dosen Thunfisch naturell (à 150 g Abtropfgewicht)

Zubereitung: 25 Min.

Pro Portion ca. 640 kcal, 49 g E, 27 g F, 39 g KH

1 Zwiebel schälen und vierteln. Knoblauch schälen und mit der Zwiebel und den Chilis im Mixtopf 5 Sek. / Stufe 5 hacken. Mit dem Spatel am Topfrand nach unten schieben. 20 g Olivenöl (2 EL) dazugeben und den Topfinhalt 3 Min. / 120° / Stufe 1 dünsten.

2 Die Tomaten, ½ TL Salz und den Thymian dazugeben und die Sauce 7 Min. / 100° / Linkslauf / Sanftrührstufe ohne Messbecher köcheln lassen, stattdessen den Gareinsatz als Spritzschutz auf den Deckel stellen.

3 Inzwischen für die Nudeln reichlich Wasser in einem Topf aufkochen und salzen. Die Spirelli darin nach Packungsangabe bissfest kochen.

4 Wenn die Sauce fertig ist, den Thunfisch in ein Sieb abgießen, zur Sauce geben und 30 Sek. / 100° / Linkslauf / Sanftrührstufe unterheben. Die Thunfisch-Arrabiata nochmals mit Salz abschmecken.

5 Die Kichererbsen-Spirelli in ein Sieb abgießen und auf zwei Tellern mit der Sauce anrichten. Mit dem restlichen Olivenöl (1 ½ EL) beträufeln und servieren.

Asia-
BOLOGNESE
mit Edamame-Nudeln

FÜR 2 PERSONEN

125 g Shiitake (Pilze) | 1 kleine Zwiebel (ca. 60 g) | 25 g Ingwer | 5 g rote Currypaste (1 TL) | 10 g Kokosöl | 2 kleine Tomaten (ca. 120 g) | 10 g Tomatenmark (2 TL) | 250 g Rinderhackfleisch | 20 g Sojasauce | Salz | 150 g Edamame-Fettuccine

Zubereitung: 30 Min.

Pro Portion ca. 710 kcal, 63 g E, 33 g F, 25 g KH

1 Die Pilze putzen und im Mixtopf 2 Sek. / Stufe 4 hacken, dann umfüllen. Die Zwiebel schälen und vierteln. Ingwer schälen und mit Zwiebel und Currypaste im Mixtopf 3 Sek. / Stufe 6 hacken, mit dem Spatel nach unten schieben. Das Kokosöl dazugeben und alles 3 Min. / 120° / Linkslauf / Sanftrührstufe dünsten.

2 Inzwischen die Tomaten waschen und ohne die Stielansätze ca. 2 cm groß würfeln. Tomaten und Tomatenmark in den Mixtopf geben und alles 1 Min. / 120° / Linkslauf / Stufe 1 weiterdünsten. Hackfleisch mit 50 g Wasser und Sojasauce in den Mixtopf geben, 10 Min. / 100° / Linkslauf / Sanftrührstufe garen.

3 Inzwischen für die Edamame-Nudeln reichlich Wasser in einem Topf aufkochen und salzen. Die Nudeln darin nach Packungsangabe bissfest kochen, dann in ein Sieb abgießen und abtropfen lassen.

4 Wenn die Sauce fertig ist, die gehackten Pilze 1 Min. / 100° / Linkslauf / Sanftrührstufe unterheben. Die Sauce nochmals abschmecken, mit der Pasta auf zwei Tellern anrichten und servieren.

SAMBAL-HUHN
mit Spitzkohl

FÜR 2 PERSONEN
10 g Ingwer
1 Knoblauchzehe
25 g Rapsöl (2 ½ EL)
5 g Sambal Oelek (1 TL)
2 Hähnchenbrustfilets (à ca. 200 g)
Salz
Pfeffer
½ kleiner Spitzkohl (ca. 300 g)
3 Frühlingszwiebeln (ca. 90 g)
250 g Möhren
200 g Kokosmilch
5 g Gemüsebrühe (Instant)
50 g Erdnussmus
½ Bund Koriandergrün

Zubereitung: 25 Min. + 20 Min. Garen
Pro Portion ca. 810 kcal, 59 g E, 57 g F, 13 g KH

1 Ingwer und Knoblauch schälen, grob schneiden und im Mixtopf 3 Sek. / Stufe 8 hacken. 15 g Öl (1 ½ EL) und Sambal Oelek dazugeben und alles 5 Sek. / Stufe 4 verrühren, dann umfüllen.

2 Die Hähnchenfilets längs halbieren, sodass vier dünne Schnitzel entstehen. Die Hähnchenschnitzel beidseitig salzen, pfeffern und mit der Würzpaste bestreichen. Auf den Einlegeboden geben.

3 Den Spitzkohl putzen, den Strunk herausschneiden. Spitzkohl in ca. 3 cm große Stücke schneiden und im Mixtopf 2 Sek. / Stufe 5 hacken, dann in den Varoma-Behälter füllen. Einlegeboden mit den Hähnchenschnitzeln daraufsetzen. Den Varoma verschließen.

4 Die Frühlingszwiebeln putzen, waschen und grob schneiden. Möhren schälen, in ca. 3 cm große Stücke schneiden. Beides zusammen im Mixtopf 3 Sek. / Stufe 5 hacken. 10 g Öl (1 EL) dazugeben und den Topfinhalt 4 Min. / 120° / Stufe 1 dünsten. Die Kokosmilch mit der Instant-Brühe, 150 g Wasser und dem Erdnussmus hinzufügen. Alles mit ½ TL Salz und ¼ TL Pfeffer würzen.

5 Mixtopf verschließen. Den Varoma aufsetzen und Kohl und Hähnchen 20 Min. / Varoma / Linkslauf / Stufe 1 dampfgaren. Spitzkohl mit dem Spatel unter den Inhalt des Mixtopfs mischen und das Gemüse mit Salz und Pfeffer abschmecken.

6 Das Koriandergrün waschen und trocken schütteln, die Blätter abzupfen. Gemüse und Hähnchen auf zwei Tellern anrichten und mit den Korianderblättern bestreut servieren.

Hot, spicy &
100% Low Carb!

Orientalische PUTENROULADEN mit Möhren-Quinoa

FÜR 4 PERSONEN

Für die Quinoa:
120 g Quinoa
Salz
½ Bund Petersilie
2 Möhren (ca. 160 g)

Für die Rouladen und den Dip:
2 Stängel Minze
20 g Baby-Blattspinat
4 getrocknete Soft-Aprikosen
120 g Frischkäse
1 TL Kreuzkümmel
4 Putenschnitzel
(insgesamt ca. 700 g)
Salz | Pfeffer
200 g Joghurt
15 g Ajvar (2 TL)
½ TL Honig

Außerdem:
Zahnstocher

Zubereitung: 35 Min.
+ 20 Min. Einweichen
Pro Portion ca. 400 kcal,
54 g E, 8 g F, 27 g KH

1 Die Quinoa in einem Sieb kalt abbrausen und in einer Schüssel mit Wasser bedecken, salzen und ca. 20 Min. quellen lassen. Die Petersilie waschen, trocken schütteln und im Mixtopf 5 Sek. / Stufe 6 hacken, dann in eine kleine Schüssel umfüllen.

2 Für die Rouladen Minze waschen und trocken schütteln. Spinat verlesen, waschen und trocken tupfen. Minzeblätter abzupfen und mit dem Spinat und den Aprikosen 10 Sek. / Stufe 6 hacken. Den Frischkäse mit ½ TL Kreuzkümmel 10 Sek. / Stufe 4 untermischen.

3 Die Putenschnitzel auf einem Brett ausbreiten und flacher klopfen. Die Schnitzel salzen, pfeffern und mit der Frischkäsemasse bestreichen, dann zu Rouladen aufrollen. Die Rouladen mit Zahnstochern feststecken und auch von außen salzen und pfeffern. Ein Stück Backpapier leicht befeuchten, zerknüllen und ausgebreitet so in den Varoma-Behälter legen, dass die geschlitzte Fläche abgedeckt ist. Die gefüllten Putenrouladen darauflegen.

4 Gequollene Quinoa abgießen und auf den Varoma-Einlegeboden geben. Die Möhren schälen und im Mixtopf 2–3 Sek. / Stufe 5 grob raspeln, dann auf der Quinoa verteilen.

5 1000 g Wasser in den Mixtopf einwiegen, dann den Mixtopf verschließen. Den Varoma mit dem Einlegeboden aufsetzen und verschließen. Rouladen und Quinoa 25 Min. / Varoma / Stufe 2 garen.

6 Inzwischen für den Dip den Joghurt mit Ajvar, Honig, restlichem Kreuzkümmel und der gehackten Petersilie verrühren. Den Dip mit Salz und Pfeffer würzen. Die orientalischen Putenrouladen mit der Möhren-Quinoa und dem Ajvar-Dip anrichten.

Chili CON CARNE mit Avocado

FÜR 2 PERSONEN

1 dünne Stange Lauch (ca. 200 g)
1 Petersilienwurzel (ca. 100 g)
1 große Möhre (ca. 100 g)
1 rote Zwiebel (ca. 80 g)
1 Knoblauchzehe
10 g Olivenöl (1 EL)
200 g Rinderhackfleisch
20 g Tomatenmark
1 EL Chilipulver (Gewürzmischung)
Salz | Cayennepfeffer
200 g stückige Tomaten (aus der Dose)
1 Dose Kidneybohnen (130 g Abtropfgewicht)
1 Avocado (ca. 160 g)
1 EL Limettensaft
3 Stängel Koriandergrün
2 Limettenschnitze (nach Belieben)

Zubereitung: 30 Min. + 25 Min. Garen
Pro Portion ca. 650 kcal, 34 g E, 47 g F, 23 g KH

1 Lauch, Petersilienwurzel und Möhre putzen und gründlich waschen oder schälen. Das Gemüse grob würfeln, in den Mixtopf geben und 3 Sek. / Stufe 6 hacken, dann umfüllen.

2 Zwiebel und Knoblauch schälen, halbieren und im Mixtopf 4 Sek. / Stufe 5 hacken, mit dem Spatel nach unten schieben. Das Öl einwiegen und Zwiebelmischung 5 Min. / 120° / Stufe 1 dünsten.

3 Das Hackfleisch mit Tomatenmark, Chilipulver, ¼ TL Salz und Cayennepfeffer zur Zwiebelmischung in den Mixtopf geben und alles 5 Min. / 120° / Linkslauf / Sanftrührstufe garen. Die gehackte Gemüsemischung, die Tomaten und 250 g Wasser hinzufügen und alles weitere 25 Min. / 100° / Linkslauf / Sanftrührstufe garen, dabei den Gareinsatz als Spritzschutz aufsetzen.

4 Inzwischen die Kidneybohnen in ein Sieb abgießen, abbrausen und abtropfen lassen. Die Avocado halbieren, Kern entfernen. Das Fruchtfleisch mit einem Löffel aus der Schale heben. Die Avocado würfeln und mit dem Limettensaft beträufeln. Das Koriandergrün waschen und trocken schütteln. Die Blätter abzupfen.

5 Nach der Garzeit die Kidneybohnen unter das Chili mischen. Alles noch 3 Min. / 100° / Linkslauf / Sanftrührstufe weitergaren. Chili nochmals abschmecken und mit Avocadowürfeln und Koriander bestreut servieren, nach Belieben Limettenschnitze dazu reichen.

Lachsfilet im REISNUDELBLATT mit Chinakohlgemüse

FÜR 2 PERSONEN

Für das Lachsfilet:

400 g Lachsfilet
1 kleines Bund Koriandergrün
½ Limette
20 g Sojasauce
6 runde Reispapierblätter (ca. 16 cm ∅)
½ TL Rapsöl

Für das Gemüse:

1 Chinakohl (ca. 600 g; ersatzweise Pak Choi oder Mangold)
Salz
½ Limette
2 EL Sojasauce
2 EL Sesamöl
1 EL heller Sesam

Zubereitung: 20 Min. + 15 Min. Garen
Pro Portion ca. 675 kcal, 46 g E, 42 g F, 27 g KH

1 Das Lachsfilet kalt abwaschen, trocken tupfen und in sechs ungefähr gleich große Stücke schneiden.

2 Koriander waschen und trocken tupfen. Die groben Stängel entfernen und die Blätter samt zarter Stängel in den Mixtopf geben. Die Limettenhälfte auspressen. Den Saft mit der Sojasauce zum Koriander in den Mixtopf geben und alles 5 Sek. / Stufe 8 mixen.

3 Die Lachsstücke in eine Schüssel geben. Die Koriandermarinade so untermischen, dass die Stücke rundum damit ummantelt sind. Die Reispapierblätter ca. 1 Min. in kaltem Wasser einweichen.

4 Inzwischen für das Gemüse den Chinakohl längs vierteln, den Strunk entfernen und die Kohlviertel quer in 2 cm breite Streifen schneiden. Die Streifen in den Varoma-Behälter geben.

5 Für den Lachs den Varoma-Einlegeboden mit dem Rapsöl bepinseln. Die Reispapierblätter trocken tupfen. Je 1 mariniertes Lachsstück mittig auf jedes Reispapierblatt legen, die Blattränder über den Lachs nach innen schlagen, sodass er vollständig eingepackt ist. Lachspäckchen auf den Varoma-Einlegeboden legen.

6 500 g Wasser und 5 g Salz in den Mixtopf geben. Mixtopf verschließen. Varoma mit dem Einlegeboden aufsetzen und verschließen. Fisch und Kohl 15 Min. / Varoma / Stufe 1 garen.

7 Inzwischen für das Gemüse die Limettenhälfte auspressen und den Saft mit Sojasauce und Sesamöl verrühren. Den gegarten Kohl mit der Marinade mischen, dann mit dem Lachs auf zwei Tellern anrichten. Mit Sesam bestreuen und servieren.

Garnelen-CURRY mit Blumenkohlreis

FÜR 2 PERSONEN

Für den Blumenkohl:
½ Blumenkohl (ca. 350 g)
40 g Cashewkerne
Salz
Pfeffer

Für das Garnelen-Curry:
1 Zwiebel (ca. 80 g)
1 grüne Chilischote
20 g Ingwer
10 g Kokosöl (1 EL)
10 g grüne Thai-Currypaste (2 TL)
200 g Kokosmilch
100 g Hühnerbrühe
20 g Sojasauce
100 g Zuckerschoten
250 g geschälte rohe Garnelen (frisch oder aufgetaute TK-Ware)
1 EL Limettensaft
100 g Baby-Blattspinat
Salz
Pfeffer

Zubereitung: 30 Min. + 15 Min. Garen
Pro Portion ca. 550 kcal, 37 g E, 36 g F, 18 g KH

1 Für den Blumenkohlreis den Blumenkohl waschen, putzen und die Röschen vom Strunk schneiden, Strunk schälen und in grobe Stücke schneiden. Beides mit den Cashewkernen im Mixtopf 4 Sek. / Stufe 5 zerkleinern, dann umfüllen. Mixtopf spülen.

2 Für das Curry die Zwiebel schälen und achteln. Chilischote halbieren, Kerne entfernen, die Hälften waschen und dritteln. Ingwer schälen und grob schneiden. Zwiebel, Chili und Ingwer im Mixtopf 4 Sek. / Stufe 5 hacken und mit dem Spatel am Topfrand nach unten schieben. Kokosöl und Currypaste hinzufügen und alles 3 Min. / 120° / Stufe 2 garen. Kokosmilch, Brühe und Sojasauce dazugeben und 4 Min. / 100° / Stufe 2 weitergaren.

3 Den Blumenkohl-Mix in den Varoma-Behälter geben, mit ¼ TL Salz und etwas Pfeffer würzen. Die Zuckerschoten putzen, waschen und schräg halbieren, auf dem Varoma-Einlegeboden verteilen. Garnelen waschen und trocken tupfen. Auf die Zuckerschoten legen und mit Limettensaft beträufeln. Den Mixtopf verschließen. Varoma-Behälter mit dem Einlegeboden aufsetzen und verschließen. Alles 15 Min. / Varoma / Stufe 1 garen.

4 Inzwischen den Spinat verlesen, waschen und trocken schleudern. Am Ende der Garzeit Zuckerschoten und Garnelen aus dem Varoma nehmen und mit dem Spinat unter das Curry im Mixtopf mischen. Den Blumenkohlreis im Varoma-Behälter kurz abgedeckt beiseitestellen. Das Garnelen-Curry im Mixtopf noch 2 Min. / 100° / Linkslauf / Sanftrührstufe garen. Mit Salz und Pfeffer abschmecken und mit dem Blumenkohlreis servieren.

Sommergenuss mit
Bikinifigur-Garantie –
im Nu zubereitet!

Tomaten-FORELLEN mit Ratatouille

FÜR 2 PERSONEN

2 kleine Forellen (max. 25 cm lang)
Salz
Pfeffer
6 getrocknete Soft-Tomaten (ca. 40 g)
20 g Olivenöl (½ EL)
1 TL getrockneter Thymian
1 Tomate (ca. 120 g)
1 rote Paprika (ca. 200 g)
1 gelbe Paprika (ca. 200 g)
1 kleine Aubergine (ca. 200 g)
1 Zwiebel (ca. 80 g)
2 Knoblauchzehen
10 g Tomatenmark (2 TL)
1 TL getrockneter Rosmarin
100 g trockener Rotwein
50 g Kalamata-Oliven
4 Zitronenschnitze (nach Belieben)

Zubereitung: 20 Min. + 20 Min. Garen
Pro Portion ca. 490 kcal, 43 g E, 25 g F, 11 g KH

1 Die Fische kalt waschen, trocken tupfen und innen und außen salzen und pfeffern. Die Soft-Tomaten mit 5 g Öl (½ EL) und Thymian im Mixtopf 3 Sek. / Stufe 6 zerkleinern. Die Paste in die Fischbäuche füllen. Die Forellen auf den Varoma-Einlegeboden legen.

2 Für das Ratatouille die frische Tomate waschen, vierteln und vom Stielansatz befreien. Beide Paprikaschoten halbieren, weiße Trennwände und Kerne entfernen, die Hälften waschen und in ca. 5 cm große Stücke schneiden. Die Aubergine waschen, putzen und ebenfalls in ca. 5 cm große Stücke schneiden. Die Zwiebel schälen und vierteln, den Knoblauch schälen.

3 Tomate, Paprika und Aubergine in zwei Portionen im Mixtopf jeweils 3 Sek. / Stufe 4 mithilfe des Spatels grob hacken. Umfüllen.

4 Zwiebel und Knoblauch im leeren Mixtopf 5 Sek. / Stufe 5 hacken, mit dem Spatel nach unten schieben. Tomatenmark und übriges Öl dazugeben. Die Zwiebelmischung 3 Min. / 120° / Stufe 1 dünsten. Das gehackte Gemüse, 1 ½ TL Salz, 1 kräftige Prise Pfeffer, Rosmarin und Rotwein dazugeben. Mixtopf verschließen. Varoma-Behälter mit dem Einlegeboden aufsetzen und verschließen. Das Ratatouille und die Forellen 20 Min. / Varoma / Linkslauf / Sanftrührstufe garen.

5 Das fertige Ratatouille mit den Oliven mischen, nochmals abschmecken und mit den Forellen und nach Belieben noch mit den Zitronenschnitzen auf zwei Tellern anrichten.

STREMELLACHS auf Apfel-Grünkohl

FÜR 2 PERSONEN

1 Zwiebel (ca. 80 g) | 1 Knoblauchzehe | 20 g Ingwer | 500 g Grünkohlblätter (geputzt) | 20 g Rapsöl (2 EL) | 5 g Gemüsebrühe (Instant) | Salz | Pfeffer | Cayennepfeffer | 1 Apfel (ca. 150 g) | 2 TL Limettensaft | 2 Scheiben Stremellachs (à ca. 125 g)

Zubereitung: 15 Min. + 20 Min. Garen

Pro Portion ca. 580 kcal, 47 g E, 37 g F, 13 g KH

1 Zwiebel und Knoblauch schälen und halbieren. Ingwer schälen und grob schneiden. Alles drei im Mixtopf 3 Sek. / Stufe 5 hacken. Mixgut mit dem Spatel am Topfrand nach unten schieben. Grünkohl waschen und abtropfen lassen, zur Zwiebelmischung in den Mixtopf geben und alles 3 Sek. / Stufe 5 weiterhacken. Mixgut erneut nach unten schieben. Öl dazugeben und das Gemüse 8 Min. / 120° / Stufe 1 dünsten.

2 Anschließend 150 g Wasser und die Instant-Brühe hinzufügen und das Gemüse mit ½ TL Salz, ¼ TL Pfeffer und 1 Msp. Cayennepfeffer würzen.

3 Apfel waschen, vierteln, entkernen und längs in ca. 1 cm breite Spalten schneiden. Die Spalten in den Varoma-Behälter legen, mit Limettensaft beträufeln. Stremellachs auf den Varoma-Einlegeboden legen. Mixtopf verschließen. Varoma-Behälter mit dem Einlegeboden aufsetzen und verschließen. Alles 12 Min. / Varoma / Linkslauf / Sanftrührstufe garen.

4 Zum Servieren den Apfel unter den Grünkohl mischen. Grünkohl mit Salz und Pfeffer abschmecken und mit dem Stremellachs anrichten.

Kabeljau-
BORSCHTSCH

FÜR 2 PERSONEN

1 Zwiebel (ca. 80 g) | 200 g Weißkohl | 20 g Rapsöl (2 EL) | 2 Rote Bete (ca. 300 g) | 1 große Möhre (ca. 100 g) | 100 g festkochende Kartoffeln | 10 g Gemüsebrühe (Instant) | 200 g stückige Tomaten (aus der Dose) | ½ TL Kümmel | 320 g Kabeljaufilet | Salz | Pfeffer | ½ Bund Dill | 10 g Rotweinessig (1 EL) | 2 EL Schmand

Zubereitung: 25 Min. + 20 Min. Garen

Pro Portion ca. 380 kcal, 34 g E, 16 g F, 25 g KH

1 Zwiebel schälen, vierteln und im Mixtopf 3 Sek. / Stufe 5 hacken. Kohl putzen, waschen und ohne den Strunk in ca. 3 cm große Stücke schneiden. Den Kohl zu den Zwiebeln geben und alles 3 Sek. / Stufe 5 weiterhacken. Mit dem Spatel nach unten schieben, Öl dazugeben und alles 5 Min. / 120° / Stufe 1 dünsten.

2 Rote Bete und Möhre schälen, in ca. 3 cm große Stücke schneiden und im Mixtopf 3 Sek. / Stufe 5 hacken. Die Kartoffeln schälen, waschen und ca. 1 cm groß würfeln. Mit 400 g Wasser, Instant-Brühe, Tomaten und Kümmel in den Mixtopf geben und alles 15 Min. / 100° / Linkslauf / Sanftrührstufe garen.

3 Das Fischfilet kalt waschen, trocken tupfen, in Stücke schneiden und leicht salzen und pfeffern. In den Mixtopf geben und alles 5 Min. / 100° / Linkslauf / Sanftrührstufe weitergaren. Den Dill waschen und trocken schütteln. Dillspitzen abzupfen und grob hacken. Borschtsch mit Salz, Pfeffer und Essig abschmecken und mit Schmand und Dill servieren.

Asia-Gemüse mit

FISCHBÄLLCHEN

und Konjaknudeln

FÜR 4 PERSONEN

2 Frühlingszwiebeln (ca. 60 g)
400 g Kabeljaufilet
40 g Sojasauce
Pfeffer
1 rote Zwiebel (ca. 80 g)
10 g Ingwer
20 g Sesamöl (2 EL; ersatzweise Rapsöl)
2 Salatgurken (ca. 800 g)
1 kleine rote Chilischote
10 g Limettensaft (1 EL)
200 g Kokosmilch
100 g Gemüsebrühe
300 g Konjaknudeln
2 Stängel Koriandergrün
Salz

Zubereitung: 10 Min. + 20 Min. Garen
Pro Portion ca. 260 kcal, 21 g E, 15 g F, 7 g KH

1 Frühlingszwiebeln putzen, waschen und grob schneiden. Im Mixtopf 5 Sek. / Stufe 5 hacken, mit dem Spatel nach unten schieben. Das Fischfilet waschen, trocken tupfen und grob schneiden. Mit 20 g Sojasauce und Pfeffer in den Mixtopf geben und 5 Sek. / Stufe 5 zerkleinern. Aus der Masse ca. 4 cm große Bällchen formen und auf den Varoma-Einlegeboden setzen. Mixtopf spülen.

2 Zwiebel und Ingwer schälen, grob schneiden und 5 Sek. / Stufe 5 hacken. Mit dem Spatel nach unten schieben. Zwiebelmischung mit Sesamöl 4 Min. / 120° / Stufe 1 dünsten. Inzwischen die Gurken waschen, putzen und längs halbieren. Die Kerne mit einem Löffel herausschaben, die Hälften in Scheiben schneiden.

3 Chili halbieren, Kerne entfernen, die Hälften waschen und quer in Streifchen schneiden. Mit übriger Sojasauce, Limettensaft, Kokosmilch und Gemüsebrühe in den Mixtopf geben.

4 Die Konjaknudeln in ein Sieb abgießen, abbrausen, abtropfen lassen und in den Varoma-Behälter geben. Mixtopf verschließen, den Varoma mit dem Einlegeboden aufsetzen und verschließen. Alles 10 Min. / Varoma / Stufe 2 garen. Dann Varoma abnehmen, Gurken in den Mixtopf geben, verschließen, Varoma wieder aufsetzen und alles weitere 6 Min. / Varoma / Linkslauf / Stufe 2 garen.

5 Den Koriander waschen und trocken schütteln. Die Blätter abzupfen, grob hacken und unter das fertige Gurkengemüse mischen. Nudeln mit Fischbällchen und Gurkengemüse anrichten.

In einem halben
Stündchen
gezaubert!

Lazy-WEEKEND-Küche

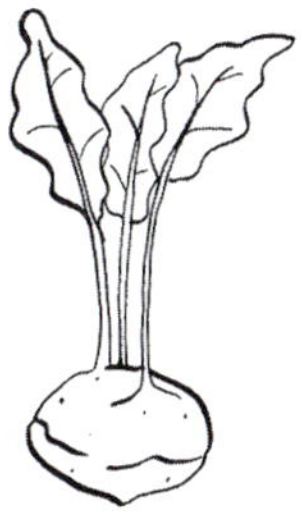

Walnuss-TOFU-BRATLING mit Kohlrabigemüse

FÜR 4 PERSONEN

1 Zwiebel (ca. 80 g)
1 Bund Petersilie
35 g Rapsöl (3 ½ EL)
1 Möhre (ca. 80 g)
1 Petersilienwurzel (ca. 100 g)
40 g Walnusskerne
200 g Räuchertofu
2 Eier (M)
10 g mittelscharfer Senf (2 TL)
Salz
Pfeffer
700 g Kohlrabi
5 g Gemüsebrühe (Instant)
10 g Zitronensaft (1 EL)
20 g Butter
20 g Mehl

Zubereitung: 45 Min.
Pro Portion ca. 360 kcal, 16 g E, 27 g F, 12 g KH

1 Die Zwiebel schälen und halbieren. Die Petersilie waschen und trocken schütteln. Die Blätter abzupfen und mit der Zwiebel im Mixtopf 5 Sek. / Stufe 5 hacken. 15 g Öl dazugeben und alles 3 Min. / 120° / Stufe 1 dünsten. Die Hälfte der Zwiebelmischung in ein Schälchen umfüllen, den Rest im Mixtopf lassen.

2 Die Möhre und Petersilienwurzel schälen, beides in ca. 3 cm große Stücke schneiden und mit den Walnüssen und dem Tofu im Mixtopf 10 Sek. / Stufe 6 hacken. Eier, Senf, Salz und Pfeffer dazugeben und alles 10 Sek. / Stufe 3 glatt vermischen. Die Tofu-Masse in eine Schüssel umfüllen. Den Mixtopf spülen.

3 Kohlrabi schälen, in mundgerechte Stifte schneiden und im Varoma-Behälter verteilen. Instant-Brühe und 400 g Wasser in den Mixtopf einwiegen, Mixtopf verschließen, den Varoma verschließen und aufsetzen. Kohlrabi 30 Min. / Varoma / Stufe 1 garen.

4 Inzwischen das restliche Rapsöl (2 EL) in einer großen Pfanne erhitzen. Aus der Tofumasse ca. acht handtellergroße Taler formen. Die Tofu-Bratlinge im heißen Öl in jeweils ca. 4 Min. pro Seite bei mittlerer Hitze knusprig und goldbraun braten.

5 Nach Ende der Kohlrabi-Garzeit den Varoma abnehmen und beiseitestellen. Die restliche Zwiebelmischung mit Zitronensaft, Butter, Mehl, Salz und Pfeffer zur Brühe in den Mixtopf geben. Alles 2 Sek. / Stufe 6 pürieren und 4 Min. / 100° / Stufe 2 rühren. Kohlrabistifte dazugeben und mit dem Spatel untermischen. Das Kohlrabigemüse mit den Bratlingen anrichten und sofort servieren.

Wirsing-CANNELLONI mit Kürbis-Feta-Füllung

FÜR 2 PERSONEN

30 g Parmesan
50 g Pekannusskerne (ersatzweise Walnusskerne)
8 große Wirsingblätter
1 Butternut-Kürbis (ca. 550 g)
Salz
1 kleine Zwiebel (ca. 60 g)
2 in Öl eingelegte, getrocknete Tomaten
10 g Olivenöl (1 EL)
1 Dose stückige Tomaten (400 g)
Pfeffer
200 g Schafskäse (Feta)
1 Ei (M)

Zubereitung: 30 Min.
+ 20 Min. Garen
+ 20 Min. Backen
Pro Portion ca. 705 kcal,
35 g E, 52 g F, 28 g KH

1 Den Parmesan in Stücke schneiden, in den Mixtopf geben und 5–7 Sek. / Stufe 8 fein hacken, umfüllen. Pekannüsse im Mixtopf 3 Sek. / Stufe 6 hacken und zum Parmesan geben. Mixtopf spülen.

2 Wirsingblätter waschen und putzen, die dicken Blattrippen flacher schneiden. Blätter im Varoma-Behälter und auf dem Einlegeboden verteilen. Kürbis vierteln, entkernen, schälen und 4 cm groß würfeln. Kürbisstücke in den Gareinsatz geben. 500 g Wasser und 5 g Salz in den Mixtopf geben. Gareinsatz einhängen, den Mixtopf verschließen. Varoma mit Einlegeboden aufsetzen und verschließen. Kürbis und Wirsing 20 Min. / Varoma / Stufe 1 dämpfen. Varoma mit Wirsing beiseitestellen. Gareinsatz aus dem Mixtopf heben und die Kürbisstücke in eine Schüssel geben. Mixtopf ausleeren.

3 Zwiebel schälen, vierteln und mit den getrockneten Tomaten 5 Sek. / Stufe 5 hacken, nach unten schieben. Öl, stückige Tomaten, ½ TL Salz und 1 Prise Pfeffer dazugeben und alles 7 Min. / 100° / Stufe 1 köcheln lassen. Inzwischen die Kürbisstücke mit einer Gabel zermusen. Feta klein bröckeln und mit Ei, ½ TL Salz und 1 kräftigen Prise Pfeffer untermischen. Backofen auf 200° vorheizen.

4 Je 1 Wirsingblatt auf ein Brett legen. 2–3 gehäufte EL Kürbismasse über die gesamte Breite auf das untere Blattdrittel geben. Blatt aufrollen und in eine Auflaufform legen. Übrige Blätter ebenso füllen. Sauce über die Cannelloni gießen. Cannelloni im heißen Ofen (Mitte) ca. 20 Min. überbacken, dabei nach 10 Min. Backzeit die Nussmischung darüberstreuen. Fertige Cannelloni sofort servieren.

Reicht bei kleinem Appetit für drei und schmeckt auch aufgewärmt wunderbar.

GEMÜSESTRUDEL
mit Paprikajoghurt

FÜR 4 PERSONEN

Für den Teig:
100 g Dinkelkörner
50 g Buchweizen
45 g Rapsöl mit Buttergeschmack (4 ½ EL)
Salz
30 g Mandelmehl + Mehl zum Arbeiten

Für die Füllung:
350 g Weißkohl
400 g Lauch
30 g Rapsöl (3 EL)
200 g Hokkaido-Kürbis
Salz
Pfeffer
100 g Crème fraîche
2 Eier (M)

Für den Paprikajoghurt:
250 g griechischer Joghurt
3 EL mildes Ajvar
Salz

Zubereitung: 45 Min. + 25 Min. Backen
Pro Portion ca. 625 kcal, 18 g E, 41 g F, 46 g KH

1 Für den Teig Dinkel- und Buchweizenkörner im Mixtopf 1:30 Min. / Stufe 10 fein mahlen. 20 g Öl (2 EL), ¼ TL Salz und 80 g lauwarmes Wasser hinzufügen und alles 2 Min. / Teigstufe kneten. Teig herausnehmen, zur Kugel formen, mit ½ EL Öl einreiben und in Folie gewickelt 15 Min. ruhen lassen. Den Mixtopf spülen.

2 Für die Füllung den Kohl putzen, waschen und in ca. 3 cm große Stücke schneiden. Im Mixtopf 3 Sek. / Stufe 5 hacken und umfüllen. Lauch putzen, längs halbieren und gründlich waschen. Die Hälften quer in grobe Stücke schneiden und im Mixtopf 3 Sek. / Stufe 5 hacken. Mixgut mit dem Spatel am Topfrand nach unten schieben. Kohl wieder zum Lauch in den Mixtopf füllen, das Öl dazugeben und das Gemüse 5 Min. / 120° / Stufe 1 dünsten.

3 Das Kürbisstück waschen, entkernen und mit Schale in ca. 3 cm große Stücke schneiden. Kürbis zur Gemüsemischung in den Mixtopf geben und 3 Sek. / Stufe 5 hacken. ½ TL Salz, ¼ TL Pfeffer und 30 g Wasser dazugeben und alles 5 Min. / 100° / Linkslauf / Sanftrührstufe garen. Das Gemüse im Mixtopf lauwarm abkühlen lassen.

4 Backofen auf 200° vorheizen. Crème fraîche und Eier zum Gemüse in den Mixtopf geben und 10 Sek. / Stufe 3 unterrühren. Teig auf einem bemehlten Küchentuch dünn ausrollen, dann vorsichtig über den Handrücken zu einem Rechteck von ca. 40 × 35 cm ausziehen. Teig mit 1 EL Öl bestreichen und mit Mandelmehl bestreuen.

5 Gemüse auf dem Teig verteilen, dabei je einen ca. 5 cm breiten Rand lassen. Ränder über das Gemüse schlagen. Teig mithilfe des Tuchs aufrollen. Strudel mit der Naht nach unten auf ein mit Backpapier belegtes Blech legen. Mit übrigem Öl (1 EL) bestreichen und im heißen Ofen (Mitte) in 25–30 Min. goldbraun backen. Joghurt mit Ajvar und 1 Prise Salz glatt rühren und zum Strudel servieren.

Viel Gemüse, wenig Teig – so schmeckt Low Carb!

Herzhafter CRUMBLE mit Apfel

FÜR 4 PERSONEN

125 g Butter | 150 g Haselnusskerne | 1 TL Fenchelsamen | 70 g feine Haferflocken | 30 g Amarant-Pops | Salz | Pfeffer | 400 g Kohlrabi | 1 rote Paprika (ca. 200 g) | 250 g Fenchel | 1 kleiner Apfel (ca. 120 g) | 1 Zweig Thymian | 4 EL Apfelsaft

Zubereitung: 15 Min. + 30 Min. Backen

Pro Portion ca. 630 kcal, 11 g E, 53 g F, 27 g KH

1 Den Backofen auf 200° vorheizen. Eine Auflaufform mit 1 TL Butter einfetten. Übrige Butter (120 g) in Stücke schneiden. Die Haselnusskerne mit den Fenchelsamen in den Mixtopf geben und 10 Sek. / Stufe 6 mahlen. Die Haferflocken, Amarant-Pops und Butterstücke sowie 1 TL Salz und Pfeffer dazugeben und alles in 20 Sek. / Stufe 4 zu Streuseln verkneten.

2 Kohlrabi schälen und in dünne Scheiben schneiden. Paprika halbieren, weiße Trennwände und Kerne entfernen, die Hälften waschen und in mundgerechte Stücke schneiden. Fenchel putzen, waschen und halbieren. Vom Strunk befreien und in Streifen schneiden. Den Apfel waschen, vierteln, entkernen und in kleine Würfel schneiden. Thymian waschen und trocken schütteln, die Blättchen abzupfen.

3 Gemüse- und Apfelstücke mit Apfelsaft, Thymian, Salz und Pfeffer mischen und in die Auflaufform geben. Streusel darauf verteilen. Alles im heißen Ofen (Mitte) in 30 Min. goldbraun backen, bis das Gemüse weich ist. Crumble heiß oder lauwarm servieren.

Nussige PILZQUICHE mit Ziegenkäse

FÜR 1 SPRINGFORM (28 CM Ø, 8 STÜCK)

60 g Haselnusskerne | 60 g Walnusskerne | 5 Eier (M) | 100 g Butter | 150 g Dinkelmehl (Type 1050) | Salz | 1 rote Zwiebel | 30 g getrocknete Soft-Tomaten | 150 g Pilze (z. B. Champignons oder Kräuterseitlinge) | 2 Zweige Thymian | 150 g Milch | 75 g Ziegenfrischkäse | Pfeffer

Zubereitung: 15 Min. + 1 Std. Ruhen + 40 Min. Backen
Pro Stück ca. 355 kcal, 11 g E, 27 g F, 16 g KH

1 Für den Teig die Nusskerne im Mixtopf 10 Sek. / Stufe 7 mahlen. 1 Ei, die Butter, Dinkelmehl und 1 TL Salz dazugeben und alles 30 Sek. / Stufe 4 kneten. Teig herausnehmen, in Frischhaltefolie wickeln und im Kühlschrank mindestens 1 Std. ruhen lassen.

2 Den Backofen auf 180° vorheizen und den Boden einer Springform mit Backpapier belegen. Die Zwiebel schälen, halbieren und in dünne Spalten schneiden. Die getrockneten Tomaten in Streifen schneiden. Die Pilze putzen und in Scheiben bzw. mundgerechte Stücke schneiden. Den Thymian waschen und trocken schütteln, die Blättchen abzupfen.

3 Die übrigen 4 Eier mit Milch, Ziegenfrischkäse, Thymian, Salz und Pfeffer 20 Sek. / Stufe 4 verrühren.

4 Den Teig etwas größer als die Form ausrollen, dann in die Form legen, dabei einen ca. 3 cm hohen Rand hochziehen. Gemüse und Pilze auf dem Teig verteilen und die Eier-Milch-Mischung darübergießen. Die Quiche im heißen Ofen (Mitte) in 30–35 Min. goldbraun backen und heiß oder auch lauwarm servieren.

Für BBQ-Mayo 1 zimmerwarmes Ei, 10 g Zitronensaft, 1 TL Honig, ¼ TL geräuchertes Paprikapulver, ¼ TL Salz und 1 Prise Pfeffer in den Mixtopf geben, Stufe 3,5 einstellen und 250 ml Öl in ca. 5 Min. in dünnem Strahl dazugießen, bis eine glänzende Creme entstanden ist. Supereinfach und superlecker!

Low-Carb-

BURGER

FÜR 4 PERSONEN

16 große Champignons (à ca. 60 g)
500 g Rinderhackfleisch
5 g mittelscharfer Senf (1 TL)
Salz
Pfeffer
½ TL geräuchertes Paprikapulver
8 dünne Scheiben Räucherspeck (ca. 40 g)
8 kleine Salatblätter (z. B. Eichblatt)
1 Frühlingszwiebel (ca. 30 g)
1 EL Rapsöl
8 Scheiben Bergkäse (ca. 70 g)
150 g Mayonnaise (s. Tipp)
3 TL Wild-Preiselbeeren (aus dem Glas)

Zubereitung: 1 Std.
Pro Portion ca. 785 kcal,
43 g E, 67 g F, 3 g KH

1 Für die Burger-Buns trockene Enden der Pilzstiele abschneiden, die Stiele herausdrehen. Dann für die Patties die Pilzstiele im Mixtopf 5 Sek. / Stufe 5 hacken. Mit dem Spatel am Topfrand nach unten schieben. Hackfleisch, Senf, 1 TL Salz, 2 Prisen Pfeffer und das Paprikapulver dazugeben und alles 1 Min. / Teigstufe verkneten.

2 Aus dem Fleischteig acht flache Pattys formen und in den Varoma-Behälter und auf den Einlegeboden legen. 500 g Wasser und 1 TL Salz in den Mixtopf füllen, den Mixtopf verschließen. Varoma mit dem Einlegeboden aufsetzen und verschließen. Die Burger-Pattys 15 Min. / Varoma / Stufe 1 dämpfen.

3 Inzwischen den Backofen auf 100° vorheizen. Den Speck in einer Pfanne ohne Fett bei starker Hitze knusprig auslassen und im Ofen warm stellen. Die Salatblätter waschen und trocken schleudern. Die Frühlingszwiebel putzen, waschen und in Ringe schneiden.

4 Das Rapsöl in der Pfanne erhitzen. Die Pilzkappen darin portionsweise bei mittlerer bis starker Hitze pro Seite in jeweils ca. 4 Min. goldbraun anbraten, dann salzen und pfeffern. Die Pilze auf einem Backblech im Backofen (Mitte) warm stellen.

5 Die fertigen Pattys auf ein zweites Backblech legen und mit je 1 Scheibe Bergkäse belegen. Die Pattys im warmen Ofen (oben) so lange überbacken, bis der Käse leicht geschmolzen ist.

6 Zum Anrichten auf vier Teller je 2 Pilzkappen mit der Öffnung nach oben legen, jeweils 1 TL Mayo hineingeben, 1 Salatblatt und 1 Patty darauflegen, einige Preiselbeeren auf dem Käse verteilen und nochmals 1 TL Mayo daraufgeben. Die Frühlingszwiebelringe aufstreuen, die übrigen 8 Pilzkappen mit der Öffnung nach unten auflegen und die Low-Carb-Burger servieren.

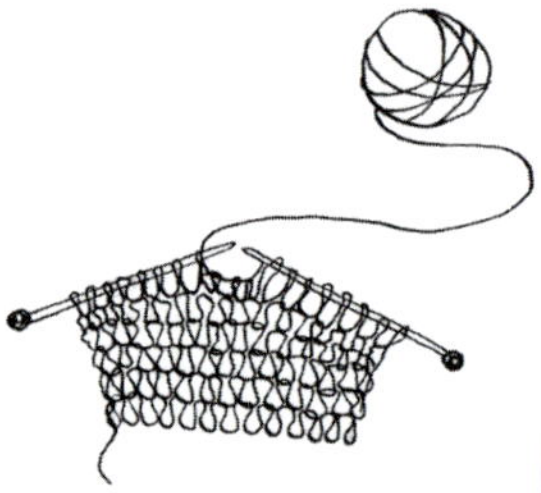

PULLED PORK
mit Chilikick

FÜR 4 PERSONEN

1 kg Schweinebraten ohne Schwarte (z. B. vom Hals)
1 kleine Zwiebel (ca. 40 g)
1 getrocknete Chilischote
5 g Rapsöl (½ EL)
25 g Ahornsirup
15 g mittelscharfer Senf
15 g Tomatenmark
1 TL geräuchertes Paprikapulver
Salz
Pfeffer
½ TL gemahlener Kreuzkümmel
60 g Apfelessig
120 g Ananassaft

Zubereitung: 40 Min.
+ 8 Std. Marinieren
+ 2 Std. Garen
Pro Portion ca. 795 kcal,
45 g E, 61 g F, 16 g KH

1 Für das Pulled Pork das Schweinefleisch in ca. 3 cm dicke Scheiben schneiden. Zwiebel schälen, vierteln und mit der Chilischote im Mixtopf 5 Sek. / Stufe 5 hacken. Mit dem Spatel nach unten schieben. Das Rapsöl dazugeben und das Mixgut 3 Min. / 120° / Stufe 1 dünsten. Ahornsirup, Senf, Tomatenmark, Paprikapulver, je ½ TL Salz und Pfeffer, Kreuzkümmel, Apfelessig und Ananassaft in den Mixtopf geben und alles 6 Min. / 100° / Stufe 1 köcheln.

2 Das Fleisch in eine Auflaufform legen, mit der heißen Sauce begießen und abgedeckt im Kühlschrank ca. 8 Std. marinieren.

3 Dann das Fleisch samt Marinade und 150 g Wasser in den Mixtopf geben und zweimal 60 Min. / 100° / Linkslauf / Sanftrührstufe garen. Das Fleisch durch ein grobes Sieb abgießen, dabei die Sauce auffangen. Fleischstücke, die noch nicht zerfallen sind mit einer Gabel zerzupfen. Das Fleisch nun mit so viel Sauce mischen, dass es schön saftig aussieht, aber nicht suppt. Das Fleisch nochmals abschmecken, dann servieren, z. B. mit einem Cole Slaw (s. Tipp).

TUNING-TIPP

Perfekter Begleiter zum Pulled Pork ist ein **Cole Slaw**. Dafür 300 g Weißkohl waschen, putzen und in 5 cm große Stücke schneiden. 200 g Möhren putzen, schälen und in ca. 2 cm große Stücke schneiden. Beides im Mixtopf 14 Sek. / Stufe 4 mithilfe des Spatels hacken, dann das Gemüse in eine Salatschüssel umfüllen. 100 g Mayonnaise, 100 g Joghurt, 1 EL Zitronensaft, 1 EL Aceto balsamico bianco, 1 TL Ahornsirup, 1 ½ TL Salz und 1 kräftige Prise Pfeffer verrühren, zum Salat geben und alles gut vermischen.

Hier kommt das Gyros mal aus dem Dampf.

GYROS
mit Fenchel und Zaziki

FÜR 2 PERSONEN

400 g Schweineschnitzel (z. B. von der Oberschale oder Nuss)
1 kleine Zwiebel (ca. 60 g)
25 g Olivenöl (2 ½ EL)
½ TL getrockneter Thymian
½ TL gemahlener Kreuzkümmel
Salz
Pfeffer
¼ Salatgurke (ca. 100 g)
1 Knoblauchzehe
250 g griechischer Joghurt
300 g Fenchel
8 Peperoni (aus dem Glas)
4 EL Kalamata-Oliven

Zubereitung: 45 Min.
+ mindestens 1 Std. Marinieren
Pro Portion ca. 615 kcal,
50 g E, 40 g F, 14 g KH

1 Die Schnitzel quer in 1 cm breite Streifen schneiden. Die Zwiebel schälen, längs halbieren und quer in dünne Halbringe schneiden. Fleisch und Zwiebel in einer dicht schließenden Frischhaltebox mit 1 EL Olivenöl, Thymian, Kreuzkümmel sowie ½ TL Salz und 1 Prise Pfeffer mischen und verschlossen mindestens 1 Std. oder am besten über Nacht im Kühlschrank marinieren.

2 Inzwischen für das Zaziki das Gurkenstück schälen, längs halbieren und die Kerne mit einem Löffel herauskratzen. In ca. 4 cm große Stücke schneiden und im Mixtopf 3 Sek. / Stufe 5 zerkleinern. Die Gurkenstückchen in ein Sieb umfüllen, ½ TL Salz dazugeben und anschließend die Gurkenstückchen ca. 5 Min. Wasser ziehen lassen.

3 Knoblauch schälen und in den Mixtopf pressen. Joghurt, 5 g Öl (½ EL), ½ TL Salz und 1 Prise Pfeffer dazugeben. Gurkenstückchen im Sieb mit einem Löffel auspressen, in den Mixtopf geben und alles 10 Sek. / Stufe 3 mischen. Zaziki abschmecken und umfüllen.

4 Den Mixtopf spülen, dann 500 g Wasser einfüllen. Den Mixtopf verschließen. Das marinierte Schweinefleisch gleichmäßig im Varoma-Behälter verteilen. Den Varoma verschließen und auf den Mixtopf setzen. Das Gyros 15 Min. / Varoma / Stufe 1 garen.

5 Inzwischen den Fenchel putzen, waschen und halbieren. Vom Strunk befreien und in dünne Scheiben schneiden. Das Öl in einer großen Pfanne erhitzen. Den Fenchel darin in ein bis zwei Portionen je 3–4 Min. bei mittlerer bis starker Hitze braten. Fenchel salzen und pfeffern und in der Pfanne warm halten, bis das Fleisch fertig ist. Fenchelscheiben, Gyros, Zaziki sowie die Peperoni und Oliven auf zwei Tellern dekorativ anrichten und servieren.

Thymian-BRATHÄHNCHEN mit Artischockengemüse

FÜR 4 PERSONEN

Für das Hähnchen:

1 Hähnchen (ca. 1,5 kg)
2 Knoblauchzehen
20 g Olivenöl (2 EL)
30 g Honig
1 TL getrockneter Thymian
Salz
Pfeffer
½ Bio-Zitrone

Für die Artischocken:

2 Dosen Artischockenherzen (je 240 g Abtropfgewicht)
½ Bio-Zitrone
1 Knoblauchzehe
2 EL Olivenöl
Salz
Pfeffer

Zubereitung: 35 Min. + 1 Std. Garen
Pro Portion ca. 610 kcal, 57 g E, 37 g F, 12 g KH

1 Für das Brathähnchen das Hähnchen auf einen großen Teller legen. Den Knoblauch schälen und mit Olivenöl, Honig, Thymian, 1 TL Salz sowie 1 kräftigen Prise Pfeffer in den Mixtopf geben. Alles 20 Sek. / Stufe 4 pürieren. Die Marinade über und in das Hähnchen gießen und dieses damit innen und außen einreiben. Die Zitronenhälfte waschen und in die Bauchhöhle stecken.

2 Den Mixtopf spülen. 1000 g Wasser und 1 ½ TL Salz einfüllen. Mixtopf verschließen. Den Varoma-Behälter aufsetzen. Das Hähnchen mit dem Rücken nach unten hineinlegen, den Varoma verschließen und das Hähnchen 60 Sek. / Varoma / Stufe 2 garen.

3 10 Min. vor Ende der Garzeit den Backofengrill vorheizen. Für die Artischocken die Artischockenherzen in ein Sieb abgießen und abtropfen lassen. Die Zitronenhälfte waschen und abtrocknen, die Schale abreiben und den Saft auspressen. Den Knoblauch schälen und in Scheiben schneiden. Artischocken, Zitronensaft und -schale, Knoblauch und Olivenöl in einer Schüssel mischen und mit je 1 kräftigen Prise Salz und Pfeffer würzen.

4 Die Artischockenmischung auf einem tiefen Backblech verteilen, sodass in der Mitte noch Platz fürs Hähnchen ist. Das Hähnchen mit der Brust nach unten auf das Blech legen und im heißen Ofen (Mitte) 10–15 Min. grillen, dabei – sobald der Rücken gebräunt ist – das Hähnchen wenden und auf der anderen Seite bräunen.

5 Das fertige Brathähnchen mit einer Geflügelschere in Stücke schneiden und mit dem Artischockengemüse auf vier Tellern anrichten. Nach Belieben den Bratensaft vom Blech darüberträufeln.

Im Varoma vorgegart bleibt das Low-Carb-Huhn wunderbar saftig.

Gedämpftes SCHWEINEFILET mit scharfem Chinakohl

FÜR 4 PERSONEN

4 EL Rapsöl | 500 g Schweinefilet | Salz | Pfeffer | 500 g Gemüsebrühe | 600 g Chinakohl | 1 Zwiebel (ca. 80 g) | 1 Knoblauchzehe | 10 g Ingwer | ½ rote Chilischote | 15 g Sojasauce | 20 g dunkler Sesam

Zubereitung: 10 Min. + 35 Min. Garen

Pro Portion ca. 275 kcal, 30 g E, 15 g F, 3 g KH

1 2 EL Öl in einer Pfanne erhitzen. Das Schweinefilet darin bei starker Hitze ca. 2 Min. pro Seite anbraten. Salzen, pfeffern, in Alufolie wickeln und in den Varoma-Behälter legen. Brühe in den Mixtopf einwiegen. Mixtopf verschließen. Varoma aufsetzen und verschließen. Das Filet 25 Min. / Varoma / Stufe 2 garen.

2 Inzwischen den Chinakohl halbieren, waschen und in Streifen schneiden. Zum Filet in den Varoma-Behälter und auf den Einlegeboden legen. Varoma mit dem Einlegeboden wieder aufsetzen und verschließen. Alles weitere 10 Min. / Varoma / Stufe 2 garen. Fleisch und Chinakohl im Varoma beiseitestellen und warm halten. Die Brühe aus dem Mixtopf umfüllen.

3 Die Zwiebel schälen und halbieren, Knoblauch und Ingwer ebenfalls schälen. Die Chilihälfte nach Belieben entkernen, waschen und dritteln. Alles im Mixtopf 5 Sek. / Stufe 8 hacken, mit dem Spatel nach unten schieben. Restliches Öl (20 g) dazugeben und 3 Min. / 120° / Stufe 1 dünsten. Brühe, Sojasauce und Sesam dazugeben und alles 10 Sek. / Stufe 3 mischen.

4 Chinakohlstreifen in einer Schüssel mit der Sauce vermischen und mit dem Filet in Scheiben anrichten.

Low-Carb-
NUDELAUFLAUF
mit Blumenkohl

FÜR 4 PERSONEN

250 g Low-Carb-Nudeln | 150 g roher Schinken in Scheiben | 500 g Blumenkohl | 200 g Tomaten | 75 g Bergkäse | 3 Stängel Basilikum | 15 g mittelscharfer Senf | 3 Eier (M) | 200 g Milch | Salz | Pfeffer | 1 TL Öl | 125 g Mozzarella

Zubereitung: 20 Min. + 40 Min. Backen

Pro Portion ca. 610 kcal, 69 g E, 29 g F, 16 g KH

1 Die Nudeln in reichlich kochendem Salzwasser nach Packungsangabe bissfest kochen, dann abgießen.

2 Inzwischen den Schinken in Streifen schneiden. Den Blumenkohl putzen, waschen und in Röschen teilen. Knapp die Hälfte der Röschen beiseitelegen, den Rest im Mixtopf 3 Sek. / Stufe 5 raspeln, umfüllen. Die Tomaten waschen, halbieren, vom Stielansatz befreien und im Mixtopf 4 Sek. / Stufe 5 grob hacken.

3 Den Backofen auf 180° vorheizen. Den Bergkäse entrinden, in Stücke schneiden und im Mixtopf 4 Sek. / Stufe 8 reiben. Basilikum waschen und trocken schütteln, Die Blätter abzupfen, dazugeben und 2 Sek. / Stufe 8 hacken. Die Käsemischung umfüllen. Senf, Eier, Milch sowie etwas Salz und Pfeffer in den Mixtopf geben und alles 10 Sek. / Stufe 4 mischen.

4 Eine Auflaufform mit dem Öl bepinseln. Die Nudeln mit Schinken, Blumenkohl, Tomaten und Käsemischung einschichten. Die Eier-Milch-Mischung darübergießen. Mozzarella in Scheiben schneiden und darüber verteilen. Den Auflauf im heißen Ofen (Mitte) in 35–40 Min. goldbraun backen.

Weißkohl-LASAGNE mit Bolognese

FÜR 4 PERSONEN

200 g Bergkäse
500 g Suppengemüse
1 Zwiebel (ca. 80 g)
2 Knoblauchzehen
20 g Olivenöl (2 EL)
400 g Rinderhackfleisch
40 g Tomatenmark
50 g Rotwein (ersatzweise Fleischbrühe)
1 Dose stückige Tomaten (400 g)
10 g Gemüsebrühe (Instant)
Salz
Pfeffer
2 TL getrockneter Oregano
1 Weißkohl (z. B. Jaroma; ca. 1,2 kg)
150 g Crème fraîche

Zubereitung: 45 Min.
+ 25 Min. Garen
+ 30 Min. Backen
Pro Portion ca. 710 kcal, 44 g E, 50 g F, 17 g KH

1 Den Bergkäse in ca. 3 cm große Stücke schneiden und im Mixtopf 6 Sek. / Stufe 7 zerkleinern. Umfüllen und beiseitestellen.

2 Das Suppengemüse und die Zwiebel putzen, waschen bzw. schälen und grob schneiden. Knoblauch schälen und halbieren. Gemüse, Zwiebel und Knoblauch im Mixtopf 5 Sek. / Stufe 5 zerkleinern. Mit dem Spatel am Topfrand nach unten schieben. Olivenöl hinzufügen und alles 5 Min. / 120° / Linkslauf / Sanftrührstufe dünsten.

3 Das Hackfleisch mit Tomatenmark, Rotwein und stückigen Tomaten in den Mixtopf geben und mit Instant-Brühe, ½ TL Salz, ¼ TL Pfeffer und getrocknetem Oregano würzen.

4 Vom Weißkohl 400 g große Kohlblätter ablösen, diese längs halbieren und dabei die harten Mittelrippen herausschneiden. Die Kohlblätter in den Varoma-Behälter legen. Den übrigen Weißkohl für ein anderes Gericht (z. B. für Kabeljau-Borschtsch, s. S. 113), verwenden. Den Mixtopf verschließen. Varoma aufsetzen und verschließen. Alles 25 Min. / Varoma / Linkslauf / Stufe 1 garen.

5 Den Backofen auf 200° vorheizen. Kohlblätter aus dem Varoma nehmen und trocken tupfen. Die Bolognese mit Salz und Pfeffer abschmecken. Weißkohlblätter, Bolognese und die Hälfte vom Käse abwechselnd in eine eckige Auflaufform (ca. 25 × 30 cm) schichten, mit Hacksauce abschließen. Die Weißkohl-Lasagne mit Crème fraîche bestreichen und mit dem übrigen Käse bestreuen. Die Lasagne im heißen Ofen (Mitte) in 20–25 Min. goldbraun backen und vor dem Servieren am besten noch ca. 10 Min. ruhen lassen.

Romanesco-PESTO-PÜREE

FÜR 2 PERSONEN

15 g Pinienkerne | 30 g Pecorino | 1 Knoblauchzehe | ½ Bund Basilikum | 40 g Olivenöl (4 EL) | Salz | Pfeffer | 500 g Romanesco | 10 g Zitronensaft (1 EL)

Zubereitung: 20 Min. + 20 Min. Garen

Pro Portion ca. 340 kcal, 10 g E, 31 g F, 7 g KH

1 Pinienkerne in einer Pfanne ohne Fett goldbraun rösten, abkühlen lassen. Pecorino in ca. 2 cm große Stücke schneiden. Knoblauch schälen und halbieren. Alles drei im Mixtopf 6 Sek. / Stufe 8 hacken.

2 Basilikum waschen und trocken schütteln, Blätter abzupfen und zu der Pecorino-Mischung in den Mixtopf geben. Alles 5 Sek. / Stufe 8 hacken. Mixgut mit dem Spatel am Topfrand nach unten schieben. Das Öl hinzufügen und 5 Sek. / Stufe 4 unterrühren. Das Pesto mit ½ TL Salz und ¼ TL Pfeffer würzen und in eine Schale umfüllen. Den Mixtopf spülen.

3 Den Romanesco putzen, waschen und in grobe Röschen teilen. Mit 5 g Salz in den Varoma-Behälter geben. 500 g Wasser in den Mixtopf einwiegen, Mixtopf verschließen. Varoma aufsetzen und verschließen. Romanesco 20 Min. / Varoma / Stufe 2 garen. Mixtopf leeren, Romanesco und Pesto hineingeben und 10 Sek. / Stufe 4 mischen. Das Püree mit Salz, Pfeffer und Zitronensaft abschmecken und servieren, z. B. zu gedämpftem Fischfilet oder Saltimbocca.

Süßkartoffel-PÜREE mit Sellerie

FÜR 2 PERSONEN

½ Bund Petersilie | 1 Schalotte (ca. 40 g) | 1 Knoblauchzehe | 1 rote Chilischote | 20 g Olivenöl (2 EL) | 6 Zweige Thymian | 200 g Süßkartoffeln | 325 g Knollensellerie | Salz | 50 g Sahne | 20 g Butter | Pfeffer

Zubereitung: 20 Min. + 25 Min. Garen

Pro Portion ca. 360 kcal, 4 g E, 27 g F, 24 g KH

1 Die Petersilie waschen und trocken schütteln, die Blätter abzupfen und in den Mixtopf geben. Petersilie 3 Sek. / Stufe 8 hacken, dann umfüllen.

2 Schalotte und Knoblauch schälen und vierteln. Die Chili halbieren, Kerne entfernen, die Hälften waschen und dritteln. Schalotte, Knoblauch und Chili im Mixtopf 4 Sek. / Stufe 5 hacken, mit dem Spatel am Topfrand nach unten schieben. Das Öl dazugeben. Thymian waschen und trocken schütteln. Die Blättchen abzupfen und dazugeben. Alles 5 Min. / 120° / Stufe 1 dünsten.

3 Den Rühraufsatz einsetzen. Die Süßkartoffeln und den Sellerie putzen, schälen und ca. 2 cm groß würfeln. Zusammen in den Mixtopf geben. ¼ TL Salz und Sahne hinzufügen. Gemüse 25 Min. / 100° / Stufe 1 garen, dabei den Gareinsatz als Spritzschutz aufsetzen.

4 Butter und Petersilie dazugeben und alles 10 Sek. / Stufe 4 pürieren. Püree mit Salz und Pfeffer abschmecken. Heiß servieren oder kalt als Aufstrich.

Knackiges Zwiebelgrün
nicht wegwerfen,
sondern für die Deko
verwenden!

Gefüllte HÄHNCHENFILETS mit Selleriegemüse

FÜR 4 PERSONEN

½ Bund Petersilie
4 Blätter Salbei
1 kleiner Apfel (ca. 120 g)
2 Frühlingszwiebeln (ca. 60 g)
1 TL Currypulver
Salz
Pfeffer
80 g Frischkäse
4 Hähnchenbrustfilets
(à ca. 200 g)
2 EL Rapsöl
900 g Knollensellerie
300 g Gemüsebrühe
frisch geriebene Muskatnuss

Zubereitung: 40 Min.
Pro Portion ca. 440 kcal,
55 g E, 21 g F, 6 g KH

1 Petersilie und Salbei waschen und trocken schütteln. Grobe Stängel entfernen. Die Kräuter im Mixtopf 3 Sek. / Stufe 8 hacken und umfüllen. Den Apfel waschen, vierteln, entkernen und in den Mixtopf geben. Die Frühlingszwiebeln putzen, waschen, in ca. 3 cm große Stücke schneiden und dazugeben. Beides 3 Sek. / Stufe 5 zerkleinern. Currypulver, etwas Salz und 1 Prise Pfeffer mit 60 g Frischkäse dazugeben und alles 10 Sek. / Stufe 3–4 mischen.

2 Die Hähnchenbrustfilets salzen und pfeffern. Das Öl in einer Pfanne erhitzen. Die Hähnchenfilets darin bei starker Hitze jeweils ca. 4 Min. pro Seite anbraten, herausnehmen und kurz ruhen lassen.

3 Inzwischen den Sellerie schälen und würfeln. Bei jedem Hähnchenfilet seitlich eine Tasche einschneiden. Die Frischkäsemasse bis auf einen Rest einfüllen, Filets auf den Varoma-Einlegeboden legen. Mixtopf grob säubern, die Brühe einwiegen. Gareinsatz einhängen und die Selleriewürfel einfüllen. Mixtopf verschließen, den Varoma-Behälter mit dem Einlegeboden aufsetzen und verschließen. Hähnchenfilets und Sellerie 20 Min. / Varoma / Stufe 1 garen.

4 Dann den Varoma abnehmen, den Gareinsatz herausnehmen. Die Hähnchenfilets und den Sellerie warm halten. Die Brühe umfüllen. 100 g Brühe mit dem übrigen Frischkäse, der restlichen Füllung, den Kräutern sowie je 1 Prise Muskat, Salz und Pfeffer in den Mixtopf geben. Den Sellerie dazugeben und 10 Sek. / Linkslauf / Stufe 3 unterrühren, dann mit den gefüllten Filets anrichten.

RINDERBRATEN
im Ingwer-Gewürz-Sud

FÜR 4 PERSONEN

3 Knoblauchzehen
2 Schalotten (ca. 80 g)
10 g Ingwer
15 g Honig
50 g Sojasauce
500 g Weißwein (ersatzweise Apfelsaft)
50 g Sherry (ersatzweise Brühe)
1 Bio-Limette
900 g Rinderhüfte
Salz
2 EL Öl
1 EL Butter
400 g Rinderbrühe
2 Sternanis
1 Möhre (ca. 80 g)
15 g Speisestärke

Zubereitung: 65 Min. + mindestens 3 Std. Marinieren
Pro Portion ca. 540 kcal, 48 g E, 37 g F, 5 g KH

1 Knoblauch, Schalotten und Ingwer schälen und halbieren. Alles mit Honig, Sojasauce, Weißwein und Sherry in den Mixtopf geben und 10 Sek. / Stufe 5 mischen. Die Limette waschen, vierteln und mit dem Rindfleisch in einen großen Gefrierbeutel geben, Marinade dazugießen und den Beutel verschließen. Das Fleisch im Kühlschrank mindestens 3 Std., am besten über Nacht, marinieren.

2 Dann das Rindfleisch aus der Marinade nehmen und leicht trocken tupfen, dann das Fleisch gut salzen. Das Öl und die Butter in einer Pfanne erhitzen und das Rindfleisch darin bei starker Hitze rundherum pro Seite ca. 3 Min. braun anbraten,

3 Inzwischen die Marinade in den Mixtopf geben, Rinderbrühe hinzufügen, den Gareinsatz mit dem Sternanis einhängen. Den Mixtopf verschließen. Die Möhre schälen, längs halbieren und in den Varoma-Behälter legen, das Fleisch darauflegen, dabei darauf achten, dass die Luftschlitze etwas frei bleiben und der Dampf zirkulieren kann. Den Varoma verschließen und aufsetzen. Das Rindfleisch mit der Möhre 45 Min. / Varoma / Stufe 1 garen.

4 Das Fleisch nach Ende der Garzeit noch kurz ruhen lassen. Inzwischen für die Sauce die gegarte Möhre aus dem Varoma zur Garflüssigkeit im Mixtopf geben und die Speisestärke hinzufügen. Die Möhre 10 Sek. / Stufe 5 zerkleinern und die Sauce 4 Min. / 100° / Stufe 3 eindicken. Dann das Fleisch in Scheiben schneiden und mit der Sauce servieren, z. B. mit Romanesco-Pesto-Püree (s. S. 138).

Da kann nichts schiefgehen:
Das feine Wildragout schmort
im Thermomix von allein.

Wild-SCHMORTOPF mit Kohlrabi und Möhre

FÜR 4 PERSONEN

2 Schalenstreifen von 1 Bio-Orange
5 g getrocknete Steinpilze
200 g Schalotten
2 Knoblauchzehen
20 g Olivenöl (2 EL)
30 g Tomatenmark
600 g Wildgulasch
150 g Weißwein (ersatzweise Brühe)
10 g Fleischbrühe (Instant)
Salz
Pfeffer
2 Lorbeerblätter
1 Zweig Rosmarin
1 Kohlrabi (ca. 300 g)
1 große Möhre (ca. 100 g)
200 g kleine Kräuterseitlinge
1 Bund Petersilie

Zubereitung: ca. 1 Std. 45 Min.
Pro Portion ca. 331 kcal, 35 g E, 15 g F, 7 g KH

1 Die Orangenschale und die getrockneten Steinpilze im Mixtopf 10 Sek. / Stufe 9 zerkleinern. Schalotten und Knoblauch schälen, halbieren und dazugeben. Im Mixtopf 4 Sek. / Stufe 5 hacken. Mit dem Spatel am Topfrand nach unten schieben. Öl und Tomatenmark dazugeben und alles 3 Min. / 100° / Stufe 1 dünsten.

2 Das Wildfleisch mit Weißwein, Instant-Brühe und 400 g Wasser in den Mixtopf füllen. Mit ½ TL Salz und ¼ TL Pfeffer würzen. Lorbeerblätter und Rosmarinzweig waschen und dazugeben. Alles 60 Min. / 100° / Linkslauf / Sanftrührstufe garen.

3 Inzwischen Kohlrabi putzen, schälen und in ca. 1,5 cm breite Spalten schneiden. Die Möhre schälen und schräg in 1 cm dicke Scheiben schneiden. Nach 60 Min. Garzeit in den Mixtopf zum Fleisch geben und weitere 30 Min. / 100° / Linkslauf / Sanftrührstufe garen. Inzwischen die Pilze putzen und je nach Größe halbieren oder vierteln. Pilze nach 15 Min. dazugeben und die restliche Zeit mitgaren. Dann Rosmarin und Lorbeerblätter entfernen.

4 Die Petersilie waschen und trocken schütteln. Die Blätter abzupfen und grob hacken. Den fertigen Wild-Schmortopf mit Salz und Pfeffer abschmecken und mit Petersilie bestreut servieren.

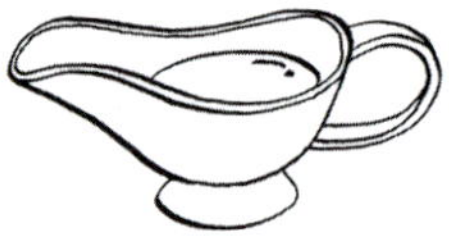

SPARGEL
mit Bärlauch-Hollandaise

FÜR 4 PERSONEN

1,5 kg weißer Spargel
Salz
1 Prise Zucker
600 g kleine Kartoffeln
50 g Bärlauch
125 g Butter
30 g trockener Weißwein
(ersatzweise Traubensaft)
3 sehr frische Eigelb
10 g Zitronensaft (1 EL)
Pfeffer
200 g roher Schinken

Zubereitung: 35 Min.
+ 30 Min. Garen
Pro Portion ca. 540 kcal,
21 g E, 39 g F, 26 g KH

1 Den Spargel waschen, mit dem Sparschäler schälen und die holzigen Enden abschneiden. Die Spargelstangen in den Varoma-Behälter legen, den Varoma verschließen. 750 g Wasser mit 5 g Salz und dem Zucker in den Mixtopf füllen.

2 Die Kartoffeln waschen, schälen, in den Gareinsatz geben und in den Mixtopf hängen. Mixtopf verschließen. Varoma daraufsetzen. Spargel und Kartoffeln 30 Min. / Varoma / Stufe 1 garen.

3 Backofen auf 80° vorheizen. Den fertigen Spargel im Varoma-Behälter in den warmen Ofen stellen. Die Kartoffeln im Gareinsatz aus dem Mixtopf nehmen und ebenfalls im Ofen warm halten.

4 Den Bärlauch waschen und trocken schütteln, Stängel entfernen und die Blätter grob schneiden. In den Mixtopf geben und 3 Sek. / Stufe 8 hacken. Bärlauch mit dem Spatel am Topfrand nach unten schieben. Butter in Stücken, Weißwein, Eigelbe, Zitronensaft, Salz und Pfeffer dazugeben und alles 6 Min. / 80° / Stufe 4 verrühren.

5 Den Spargel mit den Kartoffeln und dem rohen Schinken anrichten. Die Bärlauch-Hollandaise dazu servieren.

WINTER-VARIANTE

Den Spargel durch Schwarzwurzeln ersetzen, die Zubereitung im Varoma-Behälter bleibt gleich. Dazu passt eine Orangen-Meerrettich-Hollandaise: Dafür 30 g frischen Meerrettich schälen, grob schneiden und im Mixtopf 6 Sek. / Stufe 8 hacken. Mit Butter und Orangensaft statt Weißwein, 1 TL abgeriebener Bio-Orangenschale, Salz und Pfeffer wie beschrieben 6 Min. / 80° / Stufe 4 verrühren.

Süßkartoffel-
PIZZA TONNO

FÜR 2 PERSONEN

1 große Süßkartoffel (ca. 300 g)
20 g Olivenöl (2 EL)
Salz
1 kleine Zwiebel (ca. 60 g)
1 Knoblauchzehe
1 Dose stückige Tomaten (400 g)
Pfeffer
1 TL getrockneter Oregano
125 g Mozzarella
1 Dose Thunfisch (naturell;
150 g Abtropfgewicht)
Chiliflocken (nach Belieben)
1 Frühlingszwiebel (ca. 30 g)

Zubereitung: 30 Min.
+ 15 Min. Backen
Pro Portion ca. 515 kcal,
34 g E, 25 g F, 35 g KH

1 Den Backofen auf 200° vorheizen. Süßkartoffel schälen und längs in sechs Scheiben schneiden. Die Kartoffelscheiben mit ½ EL Olivenöl bepinseln, leicht salzen, auf ein mit Backpapier belegtes Blech legen und im heißen Ofen (Mitte) 10 Min. backen.

2 Inzwischen die Zwiebel schälen und vierteln. Den Knoblauch schälen. Zwiebel und Knoblauch im Mixtopf 5 Sek. / Stufe 5 hacken. Mit dem Spatel nach unten schieben. 15 g Olivenöl (1 ½ EL) dazugeben und die Zwiebelmischung 3 Min. / 120° / Stufe 1 dünsten. Stückige Tomaten, ½ TL Salz, 1 kräftige Prise Pfeffer und Oregano dazugeben und die Sauce 10 Min. / 120° / Linkslauf / Stufe 1 kochen.

3 Den Mozzarella würfeln. Den Thunfisch abtropfen lassen. Süßkartoffelscheiben aus dem Ofen holen und die Tomatensauce darauf verteilen. Den Thunfisch und die Mozzarellawürfel darauf verteilen und die Pizzen nach Belieben mit Chiliflocken bestreuen.

4 Die Süßkartoffel-Pizzen im heißen Ofen (Mitte) in ca. 15 Min. goldbraun überbacken. Inzwischen die Frühlingszwiebel putzen, waschen und in Ringe schneiden. Die fertigen Pizzen auf zwei Tellern anrichten und mit den Frühlingszwiebeln bestreut servieren.

Anderer Belag gewünscht? Dann einfach experimentieren!

FISCHBULETTEN
mit Ananaskraut

FÜR 4 PERSONEN

2 Schalotten (ca. 80 g)
½ rote Chilischote
10 g Ingwer
2 Stängel Koriandergrün
2 Stängel Minze
400 g Seelachsfilet
Salz
Pfeffer
300 g Ananasfruchtfleisch
30 g Rapsöl (3 EL)
500 g Sauerkraut (aus der Dose)
50 g Gemüsebrühe
1 TL Currypulver

Zubereitung: 25 Min.
Pro Portion ca. 235 kcal,
21 g E, 10 g F, 12 g KH

1 1 Schalotte schälen und halbieren. Die Chilischote halbieren, Kerne entfernen, die Hälften waschen und grob schneiden. Ingwer schälen und halbieren. Kräuter waschen und trocken schütteln, die Minzeblätter abzupfen, das Koriandergrün mit den zarten Stielen grob schneiden. Ein paar Kräuterblätter beiseitelegen. Den Rest mit Schalotte, Chili und Ingwer in den Mixtopf geben und 5 Sek. / Stufe 5 zerkleinern. Mit dem Spatel am Topfrand nach unten schieben.

2 Das Seelachsfilet auf Gräten untersuchen und diese mit einer Pinzette herauszupfen. Fischfilet kalt waschen, trocken tupfen und in grobe Stücke schneiden, mit Salz und Pfeffer in den Mixtopf zur Kräutermischung geben und alles 5 Sek. / Stufe 5 hacken. Die Masse in eine Schüssel umfüllen, den Mixtopf spülen und gut abtrocknen.

3 Die restliche Schalotte schälen, halbieren und im Mixtopf 3 Sek. / Stufe 5 hacken. Mit dem Spatel am Topfrand nach unten schieben. Das Ananasfruchtfleisch in mundgerechte Stücke schneiden und mit 15 g Öl (1 ½ EL) dazugeben. Schalotte und Ananas 4 Min. / 120° / Stufe 1 dünsten. Das Sauerkraut gut abtropfen lassen und mit Gemüsebrühe, Currypulver und etwas Salz und Pfeffer dazugeben. Alles 10 Min. / 100° / Linkslauf / Stufe 1 erhitzen.

4 Inzwischen aus der Fischmasse acht Buletten formen. Das restliche Öl (1 ½ EL) in einer Pfanne erhitzen. Die Buletten darin bei starker Hitze pro Seite 3–4 Min. braten, dann mit dem Ananaskraut anrichten und mit den übrigen Kräuterblättern bestreut servieren.

Zitronen-CHUTNEY mit Tomaten

FÜR 2 TWIST-OFF-GLÄSER À 300 ML INHALT (20 PORTIONEN)

50 g Kokosraspel | 100 g Weißweinessig | 100 g Gemüsebrühe | 2 Bio-Zitronen | 160 g Zwiebeln | 10 g Ingwer | 250 g Tomaten | 25 g Kokosblütenzucker | 1 Sternanis | ½ TL Zimtpulver | 2 Nelken | ½ TL gemahlener Kardamom | Pfeffer | Salz

Zubereitung: 15 Min. + 30 Min. Kochen

Pro Portion ca. 17 kcal, 0 g E, 1 g F, 1 g KH

1 Die Kokosraspel mit Weißweinessig und Gemüsebrühe übergießen und 10 Min. darin ziehen lassen.

2 Inzwischen die Zitronen waschen und abtrocknen. Zitronen achteln, eventuelle Kerne entfernen. Zwiebeln und Ingwer schälen, halbieren und mit den Zitronenachteln im Mixtopf 5 Sek. / Stufe 5 zerkleinern. Mit dem Spatel am Topfrand nach unten schieben.

3 Die Tomaten waschen, ohne die Stielansätze in kleine Stücke schneiden und in den Mixtopf zur Zitronenmischung geben. Die Kokosraspeln samt Flüssigkeit mit Zucker, Sternanis, Zimtpulver, Nelken, gemahlenem Kardamom, 1 Prise Pfeffer und 1 TL Salz dazugeben und 30 Min. / 100° / Linkslauf / Stufe 2 kochen, dabei den Gareinsatz als Spritzschutz aufsetzen.

4 Das fertige Zitrus-Chutney noch heiß in saubere, kochend heiß ausgespülte Twist-off-Gläser füllen und zum Aufbewahren sofort fest verschließen.

Rhabarber-
KETCHUP

FÜR 4 TWIST-OFF-GLÄSER À 150 ML INHALT (30 PORTIONEN)

250 g Zwiebeln | 2 Knoblauchzehen | 10 g Ingwer | 50 g Olivenöl (5 EL) | 500 g Rhabarber | 300 g passierte Tomaten | 50 g Himbeeressig | 40 g Honig | 30 g Sojasauce | Pfeffer | 3 Nelken | 2 Lorbeerblätter | 1 TL Senfsamen | 1 Stück Zitronenschale | 1 Zimtstange

Zubereitung: 10 Min. + 45 Min. Kochen

Pro Portion: ca. 25 kcal, 0 g E, 2 g F, 2 g KH

1 Zwiebeln, Knoblauch und Ingwer schälen, halbieren bzw. klein schneiden und in den Mixtopf geben. Alles 3 Sek. / Stufe 5 zerkleinern, mit dem Spatel am Topfrand nach unten schieben. Das Olivenöl dazugeben und alles 3 Min. / 120° / Stufe 1 dünsten.

2 Den Rhabarber waschen, schälen und in 3 cm große Stücke schneiden. Rhabarber zur Zwiebelmischung in den Mixtopf geben und 5 Sek. / Stufe 6–7 zerkleinern. Passierte Tomaten, Essig, Honig, Sojasauce und etwas Pfeffer dazugeben. 10 Sek. / Stufe 4 mischen.

3 Den Gareinsatz einhängen und einen Teebeutel mit Nelken, Lorbeer, Senfsamen, Zitronenschale und Zimtstange befüllen. Den Teebeutel verschließen und in den Gareinsatz legen. Alles 40 Min. / 100° / Stufe 2 kochen. Als Spritzschutz ein feuchtes Tuch über den Deckel legen. Dann den Gareinsatz mit dem Teebeutel entfernen und alles 30 Sek. / Stufe 10 pürieren.

4 Das fertige Ketchup noch heiß in saubere, kochend heiß ausgespülte Twist-off-Gläser füllen und zum Aufbewahren sofort fest verschließen.

Gedämpfte PAPRIKA mit Gemüse-Thunfisch-Füllung

FÜR 4 PERSONEN

30 g feine Sojaschnetzel
Salz
100 g frisch gepalte Erbsen (ersatzweise TK)
3 Stängel Petersilie
1 Möhre (ca. 80 g)
2 Zwiebeln (ca. 160 g)
1 Knoblauchzehe
20 g Kapern
1 kleine Dose Thunfisch (naturell; 80 g Abtropfgewicht)
125 g Mozzarella
Pfeffer
4 rote Paprika (à ca. 200 g)
500 g Gemüsebrühe
500 g passierte Tomaten
2 Stängel Basilikum
5 g Ahornsirup (1 TL)

Zubereitung: 45 Min. + 35 Min. Garen
Pro Portion ca. 215 kcal, 19 g E, 8 g F, 14 g KH

1 Die Sojaschnetzel mit 100 ml heißem Salzwasser übergießen und ca. 10 Min. quellen lassen. TK-Erbsen antauen lassen.

2 Inzwischen die Petersilie waschen und trocken schütteln. Die Blätter abzupfen. Möhre schälen und in 3 cm große Stücke schneiden. 1 Zwiebel und den Knoblauch schälen, halbieren und beides mit Petersilie, Möhren und den Kapern im Mixtopf 5 Sek. / Stufe 5 hacken, mit dem Spatel am Topfrand nach unten schieben.

3 Den Thunfisch abtropfen lassen. Mozzarella würfeln. Sojaschnetzel, falls nötig, abgießen und mit Erbsen, der Hälfte der Käsewürfel, Thunfisch, Salz und Pfeffer zur Zwiebelmischung in den Mixtopf geben. Alles in 20 Sek. / Linkslauf / Stufe 3 zu einer homogenen Masse mischen, umfüllen. Mixtopf spülen.

4 Die Paprika waschen, jeweils einen Deckel abschneiden und beiseitelegen. Weiße Trennwände und Kerne aus den Schoten entfernen. Die Paprika mit der Thunfischmasse füllen, mit übrigem Mozzarella bestreuen und in den Varoma-Behälter geben.

5 Die Paprikadeckel putzen und grob schneiden. Restliche Zwiebel schälen, halbieren und beides im Mixtopf 5 Sek. / Stufe 5 hacken. Die Brühe einwiegen, Mixtopf verschließen, den Varoma aufsetzen und verschließen. Alles 35 Min. / Varoma / Stufe 1 garen.

6 Dann den Varoma abnehmen, die Paprika warm halten. Passierte Tomaten in den Mixtopf geben. Basilikum waschen und trocken schütteln, Blätter abzupfen, hacken und mit Ahornsirup, Salz und Pfeffer dazugeben. Die Sauce 5 Min. / 100° / Stufe 2 kochen, nach Belieben 20 Sek. / Stufe 8 pürieren und mit den Paprika anrichten.

Chili-INGWER-DORADEN mit Paprikagemüse

FÜR 2 PERSONEN

Für die Doraden:

1 rote Chilischote
15 g Ingwer
10 g Sojasauce (1 EL)
10 g Rapsöl (1 EL)
10 g Sesamöl (1 EL)
2 Doraden

Für das Gemüse:

1 rote Paprika (ca. 200 g)
1 gelbe Paprika (ca. 200 g)
2 große Tomaten (ca. 220 g)
1 kleine Zwiebel (ca. 60 g)
20 g Rapsöl (2 EL)
20 g Rohrohrzucker
20 g Weißweinessig
½ TL Sambal Oelek
20 g Sojasauce

Zubereitung: 25 Min.
+ 25 Min. Garen
+ 2 Std. Marinieren
Pro Portion ca. 630 kcal,
74 g E, 28 g F, 20 g KH

1 Für die Doraden die Chilischote putzen, waschen und samt Kernen in ca. 2 cm lange Stücke schneiden. Den Ingwer schälen und mit Chilistücken, Sojasauce, Raps- und Sesamöl in den Mixtopf geben und alles 5 Sek. / Stufe 8 zerkleinern.

2 Die Doraden innen und außen kalt waschen, trocken tupfen und die Haut mit einem scharfen Messer schräg einritzen. Fische mit der Chili-Ingwer-Marinade innen und außen einreiben. Die Doraden in eine Schüssel legen und mit Frischhaltefolie bedeckt mindestens 2 Std., am besten über Nacht, im Kühlschrank marinieren.

3 Für das Gemüse die Paprika halbieren, weiße Trennwände und Kerne entfernen, die Hälften waschen und in ca. 5 cm große Stücke schneiden. Die Tomaten waschen, von den Stielansätzen befreien und vierteln. Die Zwiebel schälen und vierteln. Das vorbereitete Gemüse im Mixtopf 2 Sek. / Stufe 5 zerkleinern.

4 Rapsöl, Zucker, Essig, Sambal Oelek und Sojasauce zur Gemüsemischung in den Mixtopf geben und den Mixtopf verschließen. Die Doraden auf den Varoma-Einlegeboden legen. Varoma-Behälter mit dem Einlegeboden aufsetzen und verschließen. Gemüse und Fische 25 Min. / Varoma / Linkslauf / Sanftrührstufe garen. Zum Schluss das süßsaure Paprikagemüse nochmals abschmecken. Die fertigen Doraden mit dem Gemüse auf zwei Tellern anrichten und servieren.

Limetten liefern noch einen Extra-Frischekick!

Milch
Gelato

Low-Carb-

SWEETS

Genuss ohne Reue

Kokos-CHIA-PUDDING mit Papaya

FÜR 4 PERSONEN

60 g Chia-Samen | 400 g ungesüßter Kokosdrink | 2 Msp. gemahlene Vanille | 100 g Sahne | 30 g Kokosblütenzucker (nach Belieben) | 1 kleine reife Papaya (ca. 400 g) | 15 g Limettensaft | 2 EL Kokosraspel | 4 Blätter Minze

Zubereitung: 25 Min. + mindestens 6 Std. Quellen
Pro Portion ca. 270 kcal, 5 g E, 22 g F, 7 g KH

1 Die Chia-Samen mit Kokosdrink und Vanille in den Mixtopf geben und 5 Sek. / Linkslauf / Stufe 3 verrühren. Die Chia-Mischung umfüllen und abgedeckt im Kühlschrank mindestens 6 Std. oder am besten über Nacht quellen lassen. Den Mixtopf spülen.

2 Nach dem Quellen den Rühraufsatz einsetzen. Die Sahne im Mixtopf Stufe 3 steif schlagen, dabei nach Belieben den Zucker einrieseln lassen. Die Schlagsahne unter die gequollene Chia-Mischung heben. Den Chia-Sahne-Pudding in vier Dessertschalen oder Gläser verteilen. Den Mixtopf spülen.

3 Papaya schälen, längs halbieren und entkernen. 50 g Fruchtfleisch beiseitelegen. Das restliche Papaya-Fruchtfleisch ca. 2 cm groß würfeln und mit Limettensaft im Mixtopf 10 Sek. / Stufe 4 zerkleinern. Die Papayamasse auf die Puddings geben. Das beiseitegelegte Fruchtfleisch in kleine Würfel schneiden und darauf verteilen. Alles mit den Kokosraspeln bestreuen. Die Minzeblätter waschen und trocken tupfen. Die Puddings mit Minze garniert servieren.

PANNA COTTA
mit Kurkuma

FÜR 4 PERSONEN

2 ½ Blatt Gelatine | 500 g Sahne | 20 g Rohrohrzucker | 1 TL Kurkuma-Latte-Gewürzmischung (ersatzweise ½ TL gemahlene Kurkuma, ¼ TL Zimtpulver, ¼ TL gemahlene Vanille, 1 Prise Pfeffer) | 1 Granatapfel (ca. 300 g)

Zubereitung: 30 Min. + 2 Std. + 1 Std. Kühlen
Pro Portion ca. 455 kcal, 4 g E, 40 g F, 20 g KH

1 2 Blatt Gelatine in kaltem Wasser einweichen. Sahne, Zucker und Kurkuma-Gewürzmischung im Mixtopf 7 Min. / 90° / Stufe 2 erhitzen. Dann die Gelatine etwas ausdrücken, tropfnass zur Sahnemischung geben und 1 Min. / Stufe 2 unterrühren. Die Panna cotta in vier Gläser füllen und im Kühlschrank in ca. 2 Std. fest werden lassen. Den Mixtopf spülen.

2 Restliche Gelatine (½ Blatt) in kaltem Wasser einweichen. Den Granatapfel vierteln, die Kerne herauslösen und bis auf einen kleinen Rest direkt in den Mixtopf geben. Kerne 6 Sek. / Stufe 5 mixen. Ein feinmaschiges Sieb über eine Schüssel hängen. Die Kerne ins Sieb geben und mit einem Löffel so lange hin und her streichen, bis kein Saft mehr in die Schüssel tropft.

3 Granatapfelsaft im Mixtopf 3 Min. / 90° / Stufe 2 erhitzen. Gelatine etwas ausdrücken, dazugeben und 30 Sek. / Stufe 2 unterrühren. Granatapfelsaft lauwarm abkühlen lassen, dann vorsichtig auf die fest gewordene Panna cotta gießen. Nochmals 1 Std. kalt stellen, bis der Saft angedickt, aber nicht ganz fest geworden ist. Mit restlichen Kernen bestreut servieren.

JOGHURTMOUSSE
mit Beerenpüree

FÜR 4 PERSONEN

600 g griechischer Joghurt
10 g Zitronensaft (1 EL)
2 Prisen gemahlene Vanille
Salz
2 Päckchen Gelatine fix
30 g Kokosblütenzucker (nach Belieben)
300 g gemischte Beeren (ersatzweise TK)

Zubereitung: 10 Min. + mindestens 4 Std. Kühlen
Pro Portion ca. 225 kcal, 10 g E, 14 g F, 13 g KH

1 Den Joghurt mit Zitronensaft, 1 Prise Vanille, 1 Prise Salz und Gelatine fix 1 Min. / Stufe 4 glatt rühren. Dann 20 g Kokosblütenzucker nach Belieben dazugeben, und 10 Sek. / Stufe 4 unterrühren.

2 Die Joghurtmousse auf vier kleine Gläser oder Dessertschalen verteilen und im Kühlschrank mindestens 4 Std. ruhen und dabei fest werden lassen. Den Mixtopf spülen.

3 Die Beeren (TK-Beeren etwas antauen lassen) mit der restlichen Prise gemahlene Vanille und nach Belieben mit dem übrigen Zucker in den Mixtopf geben und 10 Sek. / Stufe 8 pürieren, dann das Püree 4 Min. / 100° / Stufe 2 erhitzen. Anschließend das Beerenpüree abkühlen lassen und zur gekühlten Joghurtmousse servieren.

FRUCHTIGE VARIANTEN

Für ein Granatapfel-Physalis-Kompott 50 g Physalis von der braunen Hülle befreien, waschen und halbieren. 4 Blätter Minze in feine Streifen schneiden. Beides mit 150 g Orangensaft und 10 g Honig sowie 1 Prise gemahlenem Kardamom und 1 gehäuftem TL Speisestärke im Mixtopf 6 Min. / 90° / Linkslauf / Stufe 2 erhitzen. Die Kerne von ½ Granatapfel herauslösen und 10 Sek. / Linkslauf / Stufe 2 unterrühren. Das Kompott zur Joghurtmousse servieren.
Auch ein simpler **Obstsalat** schmeckt statt Beeren zu diesem leichten Low-Carb-Dessert. Probieren Sie mal eine Kombination aus Birne, Mango und Grapefruit. Oder eine Mischung aus verschiedenen Melonensorten und Aprikosen – so sommerlich frisch!

Erdbeer-MOHN-SUPPE

FÜR 2 PERSONEN

30 g Mohnsamen | 350 g Erdbeeren | ½ Banane (ca. 75 g) | 20 g Zitronensaft | 50 g helles Mandelmus | 200 g ungesüßter Sojadrink | ¼ TL gemahlene Vanille | 1 EL getrocknete Soft-Cranberrys

Zubereitung: 10 Min.

Pro Portion ca. 385 kcal, 12 g E, 24 g F, 28 g KH

1 Die Mohnsamen in den Mixtopf geben und 1 Min. / Stufe 9 fein mahlen. Die Erdbeeren abbrausen und entkelchen. 125 g Erdbeeren beiseitelegen, die übrigen Beeren halbieren und in den Mixtopf geben.

2 Die Bananenhälfte schälen und in Scheiben schneiden. Mit Zitronensaft und Mandelmus in den Mixtopf geben und alles 10 Sek. / Stufe 5 pürieren. Mixgut mit dem Spatel nach unten schieben. Sojadrink und Vanille dazugeben und alles 30 Sek. / Stufe 8 pürieren.

3 Die Erdbeersuppe in zwei tiefen Tellern oder Schalen anrichten. Übrige Erdbeeren in dünne Scheiben schneiden und darauf verteilen. Die Cranberrys fein hacken und ebenfalls darauf verteilen.

Cool down für die Suppe – der Thermi kriegt Eiswürfel im Nu klein.

Avocado-Kokos-KALTSCHALE mit Ananasspieß

FÜR 2 PERSONEN

100 g Ananasfruchtfleisch | 10 g Kokosblütenzucker | 10 g Butter (1 EL) | ½ reife Avocado (ca. 80 g) | ½ Bio-Limette | 1 Medjoul-Dattel | 3 Stängel Minze | 200 g Kokosmilch | 200 g Kokoswasser | 100 g Eiswürfel

Zubereitung: 25 Min.

Pro Portion ca. 440 kcal, 5 g E, 38 g F, 20 g KH

1 Das Ananasfruchtfleisch in ca. 2 cm große Stücke schneiden. Zucker und Butter in den Mixtopf geben, 6 Min. / 120° / Stufe 1 karamellisieren. Die Ananasstücke dazugeben und 30 Sek. / 120° / Linkslauf / Stufe 1 unterrühren. Karamellisierte Ananasstücke herausnehmen, abkühlen lassen und auf zwei Spieße stecken.

2 Die Avocadohälfte entkernen. Das Fruchtfleisch aus der Schale heben und in den Mixtopf geben. Die Limettenhälfte waschen und abtrocknen. ½ TL Schale fein abreiben, den Saft auspressen.

3 Die Dattel aufschneiden, entkernen und dritteln. Die Minze waschen und trocken schütteln, die Blätter abzupfen und bis auf einen kleinen Rest mit der Dattel, der Limettenschale und 20 g Limettensaft zur Avocado geben. Alles 4 Sek. / Stufe 4 hacken, dann mit dem Spatel am Topfrand nach unten schieben. Kokosmilch, Kokoswasser und Eiswürfel hinzufügen und alles 15 Sek. / Stufe 10 fein zerkleinern.

4 Die Avocado-Kokos-Suppe auf zwei Schalen verteilen, mit je einem Ananasspieß und den restlichen Minzeblättern garnieren und sofort servieren.

SOMMERGRÜTZE
mit Pistazien-Vanillesauce

FÜR 4 PERSONEN

Für die Grütze:
20 g Chia-Samen
200 g Aprikosen
1 Nektarine (ca. 150 g)
1 Kiwi (ca. 100 g)
½ Bio-Zitrone
½ Zimtstange
20 g Rohrohrzucker (nach Belieben)
125 g gemischte Beeren (z. B. Himbeeren, rote Johannisbeeren, Heidelbeeren)

Für die Vanillesauce:
40 g Pistazienkerne
½ Vanilleschote
1 Ei (M)
150 g Milch
150 g Sahne
½ TL Johannisbrotkernmehl
10 g Rohrohrzucker (nach Belieben)

Zubereitung: 40 Min. + 2 Std. Kühlen
Pro Portion ca. 305 kcal, 8 g E, 22 g F, 18 g KH

1 Für die Grütze 100 ml kaltes Wasser mit den Chia-Samen verrühren und quellen lassen. Aprikosen und Nektarine waschen, halbieren, entsteinen und in Spalten schneiden, evtl. noch quer halbieren. Die Kiwi schälen und ebenfalls in Spalten schneiden. Die Hälfte der Früchte im Mixtopf 5 Sek. / Stufe 5 hacken. Übrige Aprikosen-, Nektarinen- und Kiwispalten abgedeckt beiseitestellen.

2 Die Zitronenhälfte waschen und abtrocknen, die Schale abreiben und den Saft auspressen. Zitronenschale und -saft mit 200 g Wasser, Zimtstange und Zucker nach Belieben zum Obst in den Mixtopf geben. Die Obstmischung 5 Min. / 100° / Stufe 4 kochen.

3 Inzwischen die Beeren abbrausen, verlesen und putzen. Die Obstmischung aus dem Mixtopf in eine Schüssel füllen. Die Beeren mit den beiseitegelegten Aprikosen, Nektarinen und Kiwis untermischen. Das Chia-Gel unterrühren und die Grütze mindestens 2 Std. abkühlen lassen. Den Mixtopf spülen.

4 Für die Vanillesauce die Pistazien in den Mixtopf geben und 2 Sek. / Stufe 10 zerkleinern. 1 TL Pistazien herausnehmen und beiseitestellen. Die halbe Vanilleschote längs aufschneiden, das Mark herauskratzen. Vanilleschote und -mark, Ei, Milch, Sahne, Johannisbrotkernmehl und nach Belieben den Zucker in den Mixtopf geben und alles zusammen 8 Sek. / Stufe 3 vermischen, anschließend 6 Min. / 80° / Stufe 3 erwärmen. Die Vanilleschote entfernen, die Sauce in eine Schüssel umfüllen und ca. 15 Min. abkühlen lassen. Lauwarm oder kalt mit der Grütze anrichten und das Dessert mit den beiseitegelegten Pistazien bestreut servieren.

Apfel-SCHOKO-TRIFLE mit Nuss

FÜR 4 PERSONEN

Für das Apfelmus:
800 g Äpfel (z. B. Jonagold oder Elstar)
20 g Zitronensaft
30 g Rohrohrzucker
½ TL Zimtpulver

Für die Nuss-Schicht:
50 g Walnusskerne
50 g Mandeln
50 g getrocknete Kirschen

Für die Schoko-Sahne:
75 g Zartbitter-Schokolade (mindestens 70 % Kakao)
200 g Sahne
¼ TL gemahlene Vanille
250 g Magerquark

Zubereitung: 40 Min. + 1 Std. Kühlen
Pro Portion ca. 585 kcal, 17 g E, 39 g F, 40 g KH

1 Für das Apfelmus die Äpfel waschen oder schälen, vierteln, entkernen und in grobe Stücke schneiden. Die Apfelstücke mit dem Zitronensaft, 50 g Wasser, Zucker und Zimt in den Mixtopf geben und 15 Min. / 100° / Stufe 1 kochen, anschließend die Apfelmasse 10 Sek. / Stufe 5 pürieren. Das Apfelmus in eine Schüssel füllen und abkühlen lassen. Den Mixtopf spülen und abtrocknen.

2 Für die Nuss-Schicht die Walnüsse und Mandeln im Mixtopf 8 Sek. / Stufe 10 hacken. Die Kirschen dazugeben und 10 Sek. / Stufe 5 mithacken. Die Mischung herausnehmen und wie Streusel auf dem Apfelmus verteilen. Mit Folie abgedeckt mindestens 1 Std. in den Kühlschrank stellen. Mixtopf spülen und abtrocknen.

3 Für die Schoko-Sahne die Schokolade in Stücke brechen und im Mixtopf 3 Sek. / Stufe 10 hacken. Den Rühraufsatz einsetzen. Die Sahne mit der Vanille in den Mixtopf geben und 1 Min. / Stufe 3 schlagen, dann ohne Zeitvorgabe auf Stufe 3 steif schlagen. Den Quark mit der Hand cremig rühren, die geschlagene Sahne vorsichtig unterheben. Die Quarkmasse wolkig über die Kirsch-Nuss-Schicht häufen. Die Schokolade aufstreuen und das Trifle servieren.

Mmmh, lecker!

EISCREMES & SORBET

nicht nur für heiße Tage

KOKOS-LIMETTEN-SORBET

FÜR 4 PERSONEN

Die Blätter von 1 Stängel Minze mit der abgeriebenen Schale und dem Saft von 1 Bio-Limette, 200 g Kokosmilch, 50 g Frischkäse, 20 g Kokosraspeln, 1 Eiweiß und 20 g Honig 2 Min. / Stufe 6 pürieren. Masse in einer Eismaschine gefrieren lassen oder mindestens 4 Std. tiefkühlen. Vor dem Servieren Eis aus dem Tiefkühler noch 8 Sek. / Stufe 8 cremig rühren.

Zubereitung: 5 Min. + 4 Std. Tiefkühlen
Pro Portion ca. 170 kcal, 5 g E, 14 g F, 6 g KH

SCHOKO-DATTEL-EIS

FÜR 4 PERSONEN

50 g getrocknete Datteln (entsteint) 10 Sek. / Stufe 7 zerkleinern, umfüllen. 40 g Zartbitter-Schokolade in Stücke brechen und im Mixtopf 5 Sek. / Stufe 7 hacken. Mit 10 g Kakaopulver, 30 g Haselnussmus, 300 g Milch, 2 Eigelb und 5 g Zitronensaft 5 Sek. / Stufe 4 mischen und 9 Min. / 100° / Stufe 2 erhitzen. Datteln dazugeben und alles 10 Sek. / Stufe 3 verrühren. Die Masse in einer Eismaschine gefrieren lassen oder in einer flachen Schale mit Deckel mindestens 4 Std. tiefkühlen. Vor dem Servieren das Eis aus dem Tiefkühler noch 8 Sek. / Stufe 8 cremig rühren.

Zubereitung: 15 Min. + 4 Std. Tiefkühlen
Pro Portion ca. 225 kcal, 6 g E, 15 g F, 16 g KH

AVOCADO-VANILLE-EIS

FÜR 4 PERSONEN

Das Fruchtfleisch von 1 Avocado (ca. 160 g) mit 100 g Cashewmus, 1 Prise gemahlener Vanille, 250 g Sahne, 50 g Honig, 10 g Zitronensaft (1 EL) und ½ TL gemahlenem Kardamom in den Mixtopf geben und alles 20 Sek. / Stufe 4 mischen. Die Masse in einer Eismaschine gefrieren lassen oder in einer flachen Schale mit Deckel mindestens 4 Std. tiefkühlen. Vor dem Servieren das Eis aus dem Tiefkühler im Mixtopf noch 8 Sek. / Stufe 8 cremig rühren.

Zubereitung: 5 Min. + 4 Std. Tiefkühlen
Pro Portion ca. 510 kcal, 8 g E, 44 g F, 20 g KH

JOGHURT-ORANGEN-EIS

FÜR 4 PERSONEN

100 g Joghurt in einem Eiswürfelbehälter verteilen und mindestens 4 Std. tiefkühlen. 1 Bio-Orange heiß waschen, abtrocknen und die Hälfte der Schale abreiben. Dann die Orange komplett schälen. ½ Banane schälen. Beide jeweils in 3 cm große Stücke schneiden und ebenfalls mindestens 4 Std. tiefkühlen. Danach den gefrorenen Joghurt mit den gefrorenen Obststücken und der Orangenschale mit 100 g Sahne im Mixtopf 20 Sek. / Stufe 7 hacken und cremig rühren.

Zubereitung: 5 Min. + 4 Std. Tiefkühlen
Pro Portion ca. 125 kcal, 2 g E, 9 g F, 8 g KH

Cremig-süßes Eisvergnügen – und das auch ohne Eismaschine! Unsere Kreationen schmecken pur einfach wunderbar, lassen sich aber auch mit frischen Früchten, gerösteten Kernen und zarten Kokos- oder Schokoraspeln aufs Feinste toppen.

Grundrezept QUARKSOUFFLÉ im Tässchen

Für 4 kleine Sofflés 2 Eier (L) trennen. Eiweiße im Mixtopf mit 1 Prise Salz in 2 Min. / Rühraufsatz / Stufe 4 zu steifem Schnee schlagen, in eine Schüssel umfüllen. Dann die Eigelbe mit 250 g Quark (20 % Fett i. Tr.), 20 g Rohrohrzucker und 10 g Grieß im Mixtopf 30 Sek. / Stufe 3 verrühren. Quarkcreme vorsichtig unter den Eischnee heben. Vier Tassen (à 200 ml) mit ½ TL Butter ausstreichen. Die Quarkmasse darin verteilen und mit Frischhaltefolie abdecken, dabei die Folie mit Haushaltsgummis fixieren. Tassen in den Varoma-Behälter stellen und diesen verschließen. 500 g Wasser in den Mixtopf geben, Mixtopf verschließen. Varoma aufsetzen und die Soufflés 22 Min. / Varoma / Stufe 1 garen. Fertige Soufflés aus dem Varoma heben, Folie abnehmen und die Soufflés mit einem Wunschtopping servieren.

Erdbeer-Vanille-Sauce

350 g Erdbeeren abbrausen, entkelchen und mit 10 g Ahornsirup (nach Belieben) und ¼ TL gemahlener Vanille im Mixtopf 10 Sek. / Stufe 8 zu einer feinen Sauce pürieren.

Tonka-Schoko-Sauce

20 g Zartbitter-Schokolade (mindestens 80 % Kakao) im Mixtopf 10 Sek. / Stufe 8 mahlen. 150 g Milch, 2 Eigelb, 1 Prise Salz, 10 g Rohrohrzucker sowie ¼ frisch geriebene Tonkabohne dazugeben. Den Rühraufsatz einsetzen, Sauce 6 Min. / 80° / Stufe 4 erhitzen und andicken lassen.

Lieblings-Toppings für's Soufflé

Ananas-Sabayon

Den Rühraufsatz einsetzen. 4 Eigelb, 20 g Kokosblütenzucker (nach Belieben) und 150 g Ananassaft im Mixtopf 7 Min. / 80° / Stufe 3 aufschlagen, dabei den Gareinsatz als Spritzschutz auf die Deckelöffnung stellen. Die Sabayon vor dem Servieren 7 Min. / Stufe 2 abkühlen lassen.

Birnen-Heidelbeer-Mus

1 kleine Birne (ca. 150 g) waschen, vierteln und entkernen. Die Birnenviertel schälen und in ca. 4 cm große Stücke schneiden. Mit 50 g TK-Heidelbeeren, ¼ TL gemahlener Vanille, 10 g Rohrohrzucker (nach Belieben), 5 g Zitronensaft und 10 g Wasser im Mixtopf 8 Min. / 100° / Stufe 1 garen, dann 20 Sek. / Stufe 5 pürieren.

Waffeln, Kompott
und Sahne = 100 %
Low-Carb-Genuss

JOGHURTWAFFELN
mit Zimtsahne

FÜR 4 PERSONEN

Für die Joghurtwaffeln:
80 g Butter
4 Eier (M)
30 g Kokosblütenzucker
150 g Joghurt
50 g Dinkelmehl (Type 1050)
50 g Mandelmehl
2 TL gemahlene Flohsamenschalen
½ TL Backpulver
½ TL gemahlene Vanille

Für die Zimtsahne:
200 g Sahne
½ TL Zimtpulver
5 g Kokosblütenzucker (1 TL)

Außerdem:
Öl für das Waffeleisen

Zubereitung: 20 Min.
+ 20 Min. Ruhen
+ 20 Min. Backen
Pro Portion ca. 560 kcal,
16 g E, 47 g F, 21 g KH

1 Für die Joghurtwaffeln die Butter im Mixtopf 3 Min. / 50° / Stufe 1 zerlassen, dann Eier, Zucker, Joghurt, Dinkel- und Mandelmehl, Flohsamenschalen, Backpulver und Vanille dazugeben. Alles 20 Sek. / Stufe 5 verrühren. Den Teig umfüllen und ca. 20 Min. ruhen lassen. Den Mixtopf spülen und abtrocknen.

2 Das Waffeleisen vorheizen und leicht mit Öl bepinseln. Aus dem Teig nacheinander vier Waffeln backen. Dafür je 2 gehäufte EL Teig in das Waffeleisen geben und in ca. 3–4 Min. goldbraun backen. Fertige Waffeln im heißen Backofen bei 100° warm halten.

3 Für die Zimtsahne den Rühraufsatz einsetzen. Sahne im Mixtopf auf Stufe 3 steif schlagen, dabei Zimt und Zucker einrieseln lassen. Die Waffeln mit der Zimtsahne servieren und nach Belieben noch ein Birnen-Cranberry-Kompott (s. Tipp) dazu reichen.

TUNING-TIPP

Zu Joghurtwaffeln und Zimtsahne passt wunderbar ein **Birnen-Cranberry-Kompott**. Dafür 2 kleine Birnen (ca. 300 g) vierteln, schälen und entkernen, die Hälfte davon im Mixtopf 2 Sek. / Stufe 4 zerkleinern. 150 g frische Cranberrys abbrausen, trocken tupfen und mit 50 g Wasser, 20 g Kokosblütenzucker und ½ TL Zimtpulver zu den Birnen in den Mixtopf geben. Alles 3 Min. / 100° / Linkslauf / Stufe 1 dünsten. Dann 1 TL Johannisbrotkernmehl mit 3 EL Wasser verrühren, hinzufügen und alles noch 1 Min. / 100° / Linkslauf / Stufe 1 weitergaren. Das Kompott umfüllen. Übrige Birnenviertel in Scheibchen schneiden und untermischen.

Matcha-Strawberry-CHEESECAKE

FÜR 1 KLEINE SPRINGFORM (18 CM Ø; 8 STÜCKE)

Für die Creme:
200 g Sahne
300 g Frischkäse
150 g saure Sahne
2 Eier (M)
50 g Kokosblütenzucker
1 ½ TL Matchapulver

Für das Topping:
300 g Erdbeeren
10 g Kokosblütenzucker

Zubereitung: 25 Min.
+ 1 Std. Garen
+ 2 Std. Kühlen
Pro Stück ca. 210 kcal,
8 g E, 14 g F, 12 g KH

1 Für die Creme den Rühraufsatz einsetzen und die Sahne im Mixtopf auf Stufe 3 schlagen, bis sie steif ist, dann in eine Schüssel umfüllen. Frischkäse, saure Sahne, Eier, Kokosblütenzucker und Matchapulver in den Mixtopf geben und 1 Min. / Stufe 4 glatt verrühren. Frischkäsemischung mit einem Spatel oder Schneebesen vorsichtig unter die Schlagsahne heben. Den Mixtopf spülen.

2 Die Creme in die Springform gießen. Die Form mit Frischhaltefolie abdecken und diese mit einem Haushaltsgummi fixieren. Zwei Löffel gegengleich auf den Boden des Varoma-Behälters als Abstandhalter zu den Dampflöchern legen. Die Springform daraufstellen. Den Varoma verschließen. 800 g Wasser in den Mixtopf einwiegen, den Mixtopf verschließen.

3 Varoma aufsetzen und den Cheesecake 1 Std. / Varoma / Stufe 1 garen. Dann aus dem Varoma holen, die Folie abnehmen und den Cheesecake in der Form in ca. 2 Std. vollständig auskühlen lassen.

4 Für das Topping die Erdbeeren waschen, entkelchen und vierteln. 100 g Erdbeeren mit dem Zucker im Mixtopf 7 Sek. / Stufe 8 pürieren. Das Püree mit den restlichen Erdbeeren vermischen. Das Erdbeer-Topping auf dem Kuchen verteilen und Cheesecake servieren.

BROWNIES
mit Avocado

FÜR 1 BACKFORM (24 × 24 CM; 16 STÜCKE)

150 g Kokosblütenzucker
100 g Mandeln
200 g Zartbitter-Schokolade (mindestens 70 % Kakao)
2 große, reife Avocados (ca. 360 g)
4 Eier (M)
30 g ungesüßter Mandeldrink
½ TL gemahlene Vanille
70 g Kakaopulver
60 g Dinkelmehl (Type 1050)
½ TL Backpulver

Außerdem:
Öl und Mandelmehl für die Form

Zubereitung: 15 Min. + 25 Min. Backen
Pro Stück ca. 255 kcal, 7 g E, 18 g F, 16 g KH

1 Den Backofen auf 180° vorheizen. Die Backform mit Öl einfetten und mit Mandelmehl ausstreuen. Kokosblütenzucker im Mixtopf 10 Sek. / Stufe 10 pulverisieren. Die Mandeln dazugeben und 8 Sek. / Stufe 10 hacken. Die Mischung in eine Schüssel umfüllen.

2 Die Schokolade in Stücke brechen und im Mixtopf 5 Sek. / Stufe 8 hacken. Mit dem Spatel am Topfrand nach unten schieben und dann die Schokolade 3 Min. / 50° / Stufe 2 schmelzen.

3 Die beiden Avocados längs halbieren, die Kerne entfernen. Das Fruchtfleisch mit einem Löffel aus der Schale heben und mit der Mandelmischung zur Schokolade in den Mixtopf geben. Eier, Mandeldrink, gemahlene Vanille, 60 g Kakaopulver, Mehl und Backpulver dazugeben. Alles 20 Sek. / Stufe 5 verrühren.

4 Den Brownies-Teig in die vorbereitete Form füllen und im heißen Ofen (Mitte) ca. 25 Min. backen. Aus dem Ofen nehmen und in der Form abkühlen lassen. Dann mit dem übrigen Kakaopulver bestäuben und in ca. 6 × 6 cm große Würfel schneiden.

Kokos-Quark-
TALER

FÜR 25 STÜCK

50 g Kokosöl (5 EL) | 80 g Kokosraspel | 80 g Mandelmehl | 50 g Kokosmehl | 1 Ei (M) | 100 g Quark (40 % Fett i. Tr.) | 20 g Rohrohrzucker | Salz

Zubereitung: 5 Min. + 2 Std. Ruhen + 12 Min. Backen
Pro Stück ca. 60 kcal, 3 g E, 5 g F, 1 g KH

1 Kokosöl, Kokosraspel, Mandel- und Kokosmehl mit Ei, Quark, Zucker und 1 Prise Salz in den Mixtopf geben und 20 Sek. / Stufe 4 kneten. Den Teig aus dem Mixtopf nehmen, in Frischhaltefolie wickeln und ca. 2 Stunden im Kühlschrank ruhen lassen.

2 Den Backofen auf 180° vorheizen. Den Teig zu walnussgroßen Kugeln formen, mit etwas Abstand auf ein mit Backpapier belegtes Blech geben und im heißen Ofen (Mitte) in ca. 10–12 Min. goldgelb backen. Die Taler herausnehmen und abkühlen lassen. Sie halten sich luftdicht verschlossen 1–2 Wochen.

INFO

Im Gegensatz zu gemahlenen Mandeln ist das sogenannte Mandelmehl, das im Bio-Laden oder Supermarkt angeboten wird, weniger fettreich.

Quinoa-Mohn-COOKIES

FÜR 25 STÜCK

60 g Butter | 1 Ei (M) | 30 g Rohrohrzucker | 50 g Mandelmehl | 50 g Quinoamehl | ½ TL Backpulver | 10 g gemahlener Mohn | 15 g Quinoa-Pops | 1 TL abgeriebene Bio-Zitronenschale | Salz

Zubereitung: 5 Min. + 12 Min. Backen
Pro Stück ca. 45 kcal, 2 g E, 3 g F, 3 g KH

1 Den Backofen auf 180° vorheizen. Die Butter mit Ei und Zucker im Mixtopf 1 Min. / Stufe 4 aufschlagen. Mandel- und Quinoamehl, Backpulver, gemahlenen Mohn, Quinoa-Pops, Zitronenschale und 1 Prise Salz dazugeben und 10 Sek. / Stufe 3 unterrühren.

2 Mit einem Löffel walnussgroße Teighäufchen auf ein mit Backpapier belegtes Blech setzen, dabei zwischen den Häufchen jeweils etwas Abstand lassen, damit die Cookies aufgehen können.

3 Cookies im heißen Ofen (Mitte) in 10–12 Min. goldgelb backen, herausnehmen und abkühlen lassen. Sie halten sich luftdicht verschlossen 1–2 Wochen.

TIPP

Quinoa und andere Körner lassen sich im Thermomix bestens frisch mahlen. Für Ihr Wunschmehl die im Rezept angegebene Menge an Körnern in den Mixtopf geben und diese 30 Sek. bis 1 Min. / Stufe 10 fein mahlen. Damit der Mehlstaub nicht entweichen kann, ein sauberes Küchenpapier unter den Messbecher legen und den Messbecher wieder einsetzen.

Frischkäse-TORTE mit Beeren

FÜR 1 SPRINGFORM (26 CM Ø, 12 STÜCKE)

Für den Boden:
100 g Mandeln
100 g Buchweizen
5 Eier (M) | 2 Eiweiß
130 g Rohrohrzucker | Salz

Für die Füllung:
9 Blatt weiße Gelatine
600 g Frischkäse (Doppelrahmstufe)
250 g Magerquark
80 g Wild-Preiselbeeren (aus dem Glas)
400 g gemischte Beeren
125 ml roter Fruchtsaft
1 Pck. Bourbonvanille-Rohrohrzucker
1 Pck. weißer Tortenguss

Außerdem:
Öl und Mehl für die Form

Zubereitung: 50 Min. + 40 Min. Backen + mindestens 4 Std. Kühlen
Pro Stück ca. 345 kcal, 13 g E, 21 g F, 25 g KH

1 Backofen auf 180° vorheizen. Die Springform am Boden mit Öl einfetten und mit Mehl ausstäuben. Die Mandeln im Mixtopf 5 Sek. / Stufe 8 fein mahlen, in eine Schüssel umfüllen. Buchweizen im Mixtopf 30 Sek. / Stufe 10 fein mahlen, dann unter die gemahlenen Mandeln mischen. Mixtopf spülen und abtrocknen.

2 Die Eier trennen. Rühraufsatz einsetzen. Alle 7 Eiweiße mit 30 g Rohrohrzucker und 1 Prise Salz 3 Min. / Stufe 4 steif schlagen. Rühraufsatz entfernen, den Eischnee umfüllen und kalt stellen. Mixtopf spülen und abtrocknen. Eigelbe mit übrigem Zucker darin 1 Min. / Stufe 4 aufschlagen. Buchweizenmischung dazugeben und alles 10 Sek. / Stufe 5 vermischen. Rühraufsatz wieder einsetzen, Eischnee dazugeben und 7 Sek. / Stufe 2 unterheben. Den Teig in die vorbereitete Form füllen und im heißen Ofen (Mitte) 35–40 Min. backen. Aus der Form nehmen und auskühlen lassen.

3 Für die Füllung den Mixtopf spülen. Gelatine in kaltem Wasser einweichen. Frischkäse, Quark und Preiselbeeren im Mixtopf 20 Sek. / Stufe 3 verrühren. Gelatine ausdrücken, in einem Topf bei kleiner Hitze unter Rühren auflösen, dann mit 4 EL Creme verrühren. In den Mixtopf geben und 5 Sek. / Stufe 5 unterrühren.

4 Ausgekühlten Biskuitboden so halbieren, dass 2 Böden entstehen. Einen Tortenrand um einen Boden legen, die Frischkäsecreme auf dem Boden verteilen. Den zweiten Boden daraufsetzen. Beeren verlesen, evtl. kurz waschen und trocken tupfen, auf dem Boden verteilen. Für den Guss Fruchtsaft, 125 ml Wasser, Vanillezucker und Tortenguss nach Packungsanweisung verrühren und über die Beeren ziehen. Torte mindestens 4 Std. kalt stellen und gekühlt servieren.

Ein toller Hingucker
auf der Kaffeetafel

REGISTER VON A-Z

Damit Sie Ihre Lieblingsrezepte noch schneller finden können, sind in diesem Register neben Zutaten wie **Ananas** oder **Zucchini** auch beliebte Suchkriterien wie **Aufstriche** oder **Suppen** alphabetisch eingeordnet und hervorgehoben. Darunter oder daneben finden Sie das Rezept Ihrer Wahl.

A

B

C

D

E

F

G

H

J

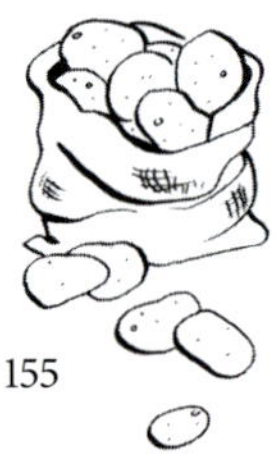

K

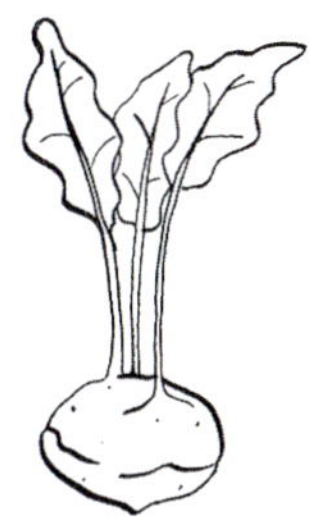

L

M

S

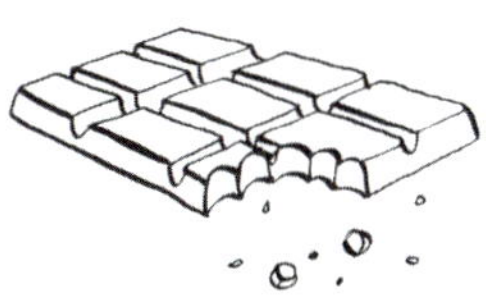

T

V/W

Z

„Clever leben:
so einfach geht's!"
Melanie Wenzel
Expertin des „ARD-Buffet",
Autorin, Heilpraktikerin
und nun auch Top-Expertin
der clever leben-Redaktion
Mein bester Ratgeber
Clever leben
NEU! NUR 1,95 €
mit QUICK-FINDER
LIEBLINGS-PASTA
DIE BESTEN TIPPS FÜR:
Jeden-Tag-Küche
Haushalt für Faule
einen schönen Balkon
RÄTSELHAFTE SAMTPFOTEN
Was Ihre Katze sagen will
BESSER ALS JEDE DIÄT
Raus aus der ZUCKER-FALLE
JETZT ERFORSCHT
ARTHROSE SELBST HEILEN
IN KOOPERATION MIT
G|U
NUR BEI UNS
30 TOP-EXPERTEN beantworten Ihre Fragen
Melanie Wenzel: „Meine besten Heilpflanzen-Rezepte"
Johann Lafer: „Das gehört zu einem guten Essen"
MODE & BEAUTY
KOCHEN & BACKEN
FAMILIE & PARTNERSCHAFT
GESUNDHEIT & SEELE
HAUS & GARTEN
KREATIV & DIY
REISE & FREIZEIT
Jetzt neu im Handel!
Clever leben
Viele Tipps & Tricks der G|U-Experten machen das Leben leichter.
Für alle Themen, die uns Frauen bewegen. Clever leben – Mein bester Ratgeber!

DIE AUTORINNEN

Martina Kittler ist Diplom-Ökotrophologin und erfahrene und begeisterte Kochbuch-Autorin, die es versteht, Genuss und gesunde Ernährung in leckere und familientaugliche Rezepte umzusetzen. Was sie beim Thermomix besonders schätzt: Jeder in der Familie, ob Mann oder erwachsene Kids, bedient den Koch-Allrounder dank ihrer Rezepte mit links – mit tollem Erfolgserlebnis und Gelinggarantie.

Für **Dagmar Reichel**, Ökotrophologin, Autorin, Foodstylistin und Mutter von drei Kindern, ist der Thermomix seit einigen Jahren zuverlässiges Familienmitglied und zeigte einmal mehr, was in ihm steckt. Ihre Ideale von bewusster, gesunder Ernährung und schneller Zubereitung – kurz: bunt, low und lecker – lassen sich bestens im Wundertopf vereinen.

Cora Wetzstein, freie Lektorin und Autorin, lebt mit ihrer Familie da, wo Bayern schwäbisch spricht. Als Mama von zwei kleinen Kindern sind gesunde Rezepte mit wenig Aufwand ihr All-Time-Favourite. Da kam ihr der Doppeltrend Low Carb plus Thermomix wie gerufen. Natürlich gab's für die Kids nach Wunsch auch eine Extraportion Carbs.

DER FOTOGRAF

Klaus Einwanger fotografiert in seinen KME Studios in Rosenheim seit über 25 Jahren Food, People und Lifestyle. Seine Bilder bestechen durch ihre Emotionalität und die raffiniert gewählten Blickwinkel – kein Wunder, dass die Arbeiten regelmäßig preisgekrönt werden. Ein besonderes Dankeschön geht an **Sven Dittmann, Daniel Schwarz** (Foodstyling) und **Deborah De Luca** (Styling), die auch im größten Trubel jedes Detail im Blick hatten und jedes Foto einzigartig machten. **Christian Kempf** (Postproduction) sorgte für die perfekte Bearbeitung und technisch einwandfreie Daten.

Bildnachweis: Alle Fotos von Klaus Einwanger, außer Autorenfotos: privat; S. 81, 117: GettyImages; S. 13, 37, 159: Shutterstock.
Alle Illustrationen: Julia Hollweck.

Syndication: www.seasons.agency

Projektleitung: Dr. Stefanie Gronau mit Monika Greiner und Jessica Kleppel
Lektorat: Susanne Bodensteiner
Korrektorat: Petra Bachmann
Innengestaltung: Independent Medien Design, Horst Moser, München
Umschlaggestaltung: herzblut 02, Martina Baldauf, München
Herstellung: Susanne Mühldorfer
Satz: Longo AG, Herbert Steger, Bozen
Reproduktion: Longo AG, Bozen
Druck: Firmengruppe APPL, aprinta druck, Wemding
Bindung: Conzella, Pfarrkirchen

ISBN 978-3-8338-6343-1

1. Auflage 2017

Umwelthinweis:
Dieses Buch ist auf PEFC-zertifiziertem Papier aus nachhaltiger Waldwirtschaft gedruckt.

TM 31 und TM 5:
Alle Rezepte in diesem Buch sind mit dem TM5 und dem TM31 kompatibel. Durch Drücken der Varomataste lassen sich auch beim Vorgängermodell 120° erzielen.

www.facebook.com/gu.verlag

GRÄFE UND UNZER

Ein Unternehmen der
GANSKE VERLAGSGRUPPE

QUALITÄTS GU GARANTIE

Liebe Leserin, lieber Leser,

haben wir Ihre Erwartungen erfüllt? Sind Sie mit diesem Buch zufrieden? Haben Sie weitere Fragen zu diesem Thema? Wir freuen uns auf Ihre Rückmeldung, auf Lob, Kritik und Anregungen, damit wir für Sie immer besser werden können.

GRÄFE UND UNZER Verlag
Leserservice
Postfach 86 03 13
81630 München
E-Mail:
leserservice@graefe-und-unzer.de

Telefon: 00800 / 72 37 33 33*
Telefax: 00800 / 50 12 05 44*
Mo–Do: 9.00 – 17.00 Uhr
Fr: 9.00 – 16.00 Uhr
(gebührenfrei in D, A, CH)*

Ihr GRÄFE UND UNZER Verlag
Der erste Ratgeberverlag – seit 1722.

Backofenhinweis:
Die Backzeiten können je nach Herd variieren. Die Temperaturangaben in unseren Rezepten beziehen sich auf das Backen im Elektroherd mit Ober- und Unterhitze und können bei Gasherden oder Backen mit Umluft abweichen. Details entnehmen Sie bitte Ihrer Gebrauchsanweisung.

Abkürzungsverzeichnis:
EL = Esslöffel
TL = Teelöffel
g = Gramm
kg = Kilogramm
cm = Zentimeter
ml = Mililiter
l = Liter
Msp. = Messerspitze
E = Eiweiß
F = Fett
KH = Kohlenhydrate
kcal = Kilokalorien
Min. = Minuten
TK- = Tiefkühl-
Ø = Durchmesser